U0615513

淬火成锋

中国抗战版画家的木刻人生

常楠 著

长江出版传媒
湖北人民出版社

图书在版编目（CIP）数据

淬火成锋：中国抗战版画家的木刻人生 / 常楠著. —武汉：湖北人民出版社，2023.7

ISBN 978-7-216-10671-9

Ⅰ.①淬… Ⅱ.①常… Ⅲ.①版画家—生平事迹—中国—现代 Ⅳ.①K825.72

中国国家版本馆CIP数据核字(2023)第122134号

责任编辑：刘婉玲
封面设计：天行云翼·宋晓亮
责任校对：范承勇
责任印制：杨　锁

出版发行:湖北人民出版社	**地址**:武汉市雄楚大道268号
印刷:武汉中远印务有限公司	**邮编**:430070
开本:880毫米×1230毫米 1/32	**印张**:7.375
字数:147千字	**插页**:6
版次:2023年7月第1版	**印次**:2023年7月第1次印刷
书号:ISBN 978-7-216-10671-9	**定价**:48.00元

本社网址：http://www.hbpp.com.cn
本社旗舰店：http://hbrmcbs.tmall.com
读者服务部电话：027-87679656
投诉举报电话：027-87679757

中国美术家协会山西分会

胡风先生：

今年十月间接梅志同志来信，复信时曾说：为了打扮你们的新居，我要寄给你们些木刻、中国画、书法。但直至今日才能把木刻寄出。一来因为忙，二来因为拓印费时，所以拖到现在，请谅。

现寄上木刻七幅，其中有五幅是套色，二幅是黑白，就作为我送上的1983年的新年礼物。并希望能得到你的批评意见。不知你喜欢其中的那几幅？这七幅，是全国解放后我的新作品中最为群众喜爱的作品。多年没有让你看我的木刻了，这次，盼望能得到你和梅志同志的宝贵意见。如果有装饰你们的新居的价值，就配上镜框挂起来。我祝愿你有个舒适而又美观的居室，为你能在家里走动时，不感到四壁的空寂。

与木刻同时，寄上书法两幅，供选用。也请对这字发表意见。我是近三年来才练习书法的。

中国画画了几张，都不满意，待有满意的，再寄给你们。

敬祝新年安康快乐

力群

12月20日

力群致胡风信

卢鸿基致胡风信 1

卢鸿基致胡风信 2

中央美術學院

胡风同志：

解放军文化部张桂同志嘱我们转告您关于去朝鲜前线访问的办法，大约是我们同行，请您再直接和他取得连系。出发期不远，可能在廿三日左右。

这次我们能和您同行，是为有益。希望您给我们很多帮助。再见！此致

敬礼！

马达
彦涵
十月十九日

马达、彦涵致胡风信 1

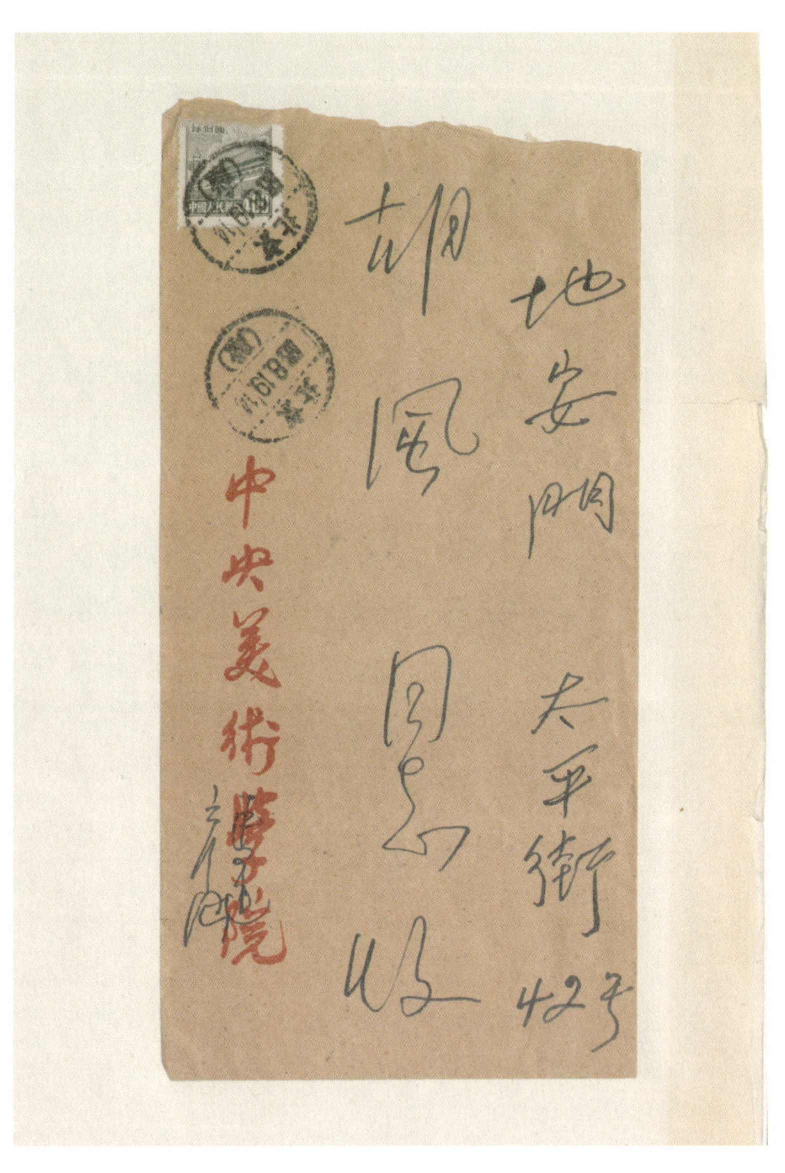

马达、彦涵致胡风信 2

風兄：

好久未曾寫信问候了，想近来很好吧。弟最近筹办一藝術雜誌，定九月十日出版。徵文範围除藝術各部门外，一般時事问题，亦所涉及，請兄寫点关於文学的論文来吧，字数多少不論，作為特约稿。香港方面和廣州方面已有不少朋友肯帮忙的，如茅盾先生答应寫一篇文藝短評，金仲華先生答应寫一篇关於漫畫的，蔡楚生先生答应寫一篇关於電影戲劇的，歐陽山先生也寫，巴金、夏衍先生在徵求中。上海方面想請尤兢先生等寫。請兄勿以刊物小見棄，無任盼幸。鹿地亘、池田夫婦亦去函催稿，想亦不会見却吧。兄如有朋友能為本刊撰文的，請介绍，文体以莊嚴的評論為最好，創作次之。稿費港幣每千字二元至三元。勞兄，謹謝。力群、曹白兩兄現在何処？煩调查告知。耑此敬颂

著安。

弟烟桥敬上

八月十日

中國藝術雜誌社

7

陈烟桥致胡风信

胡风先生：

经艾青那个书房间里碰了以后没见快九个月了，在这九个月当中，什么都变了，而且变得很厉害，汉口一定变得很活跃吧！可是过去最活跃的上海恐怕已变成了地狱了！

"七月"依然生长着，欣喜！只是许多地方不容易买到，我除了在杭州看到了一二两期以外，直到最近才由外埠的一个朋友寄来了(1卷12，2卷1)两册，以后也许可以陆续买得到，以前的可否请你补寄几期给我？要是可能的话！

插画：看这两期里的两幅木刻，一定很缺乏，这里附上三幅，不一定比他们好，你如果认为还可以的话，随便用用罢了。

我和艾青离开上海的时候，因为都扶着家眷一起走，不能不说是艰难，在杭州住了两多月，本不想回家，但经不起被飞机轰得没有办法只得把她们送到乡下，当时本预备就出去，但又被当地的"青年服务团"留住了，画了好几幅壁画，开了好几次宣传流动画展，后来还组织了一个多月的"流动漫剧队"，虽然是外行，但觉得很有兴趣，一共经过了三十多个市镇和村庄，影响也可

3

野夫致胡风信 1

说相当的大，真有意思极了，也正因为这样，木刻倒少刻了，但总不愿意完全放弃！七月或别的杂志如陆续需要画稿的话，请告诉我！

乐清本来是一个死气沉沉什么都落得可怜的小县，但自从抗战发生以来，因为敌舰不时在海口盘据以及敌机番遍的在头顶上掠过（最近也仅在温州丢了好几十个炸弹。）同时也因为一批青年的回乡，所以也有了"青年服务团"的出现，虽然力量很有限，但在县的单位上说起来，也够的确负起相当的任务了，工作也表现得还可以，到现在为止，也正是从表面的宣传工作而进入组织民众的比较切实的时候，想不到所谓"上面"却下了一个命令"凡战地服务团限四月底一律撤销"，你想这不是一个极大的笑话吗！事实上他所谓"战地服务团"是只指一种的救亡团体，以及其他抗战有关的地方，真使人无法解释，现在正在接洽中，也许会给他搞起个来，这是何等痛心的事情呀！同时也是一个极严重的问题，不知别的地方也有这种现象吗？

鹿地、池田二位先生在汉口，我在"新华日报"上早就看到消息，真使人高兴！他俩近来身体好吧！有便请先代为问候。我还想写信给他们。

曹白大概还在上海工作着吧，这位先生的精 4

野夫致胡风信 2

种真使人佩服，可惜听说也在汉口弄一个什么木刻研究会，只是报纸上未见到消息。有便告我他的通讯处。艾青兄也请代为致意！麻烦你的地方太多了，如觉得讨厌的话，不写也没有关系，完。致
民族解放的敬礼！

野夫 五月末日。

附上木刻三幅。

通讯处：温州乐清县城新美和郑野夫

5

野夫致胡风信 3

序言

一

北京鲁迅博物馆有一个胡风文库，收藏有近500幅创作于抗日战争时期的木刻版画原作。

胡风文库的现任保管员常楠于2022年9月在湖北人民出版社出版了一本研究胡风文库藏品的专著《读简录——胡风友朋来札摭解》，以北京鲁迅博物馆胡风文库中的胡风旧藏友人书信为重点研究对象，从20世纪30至80年代胡风与其友人林辰、曹禺、吴组缃、杨刚、华岗、胡今虚、陈波儿、徐中玉、孔厥、欧阳凡海、黎烈文等作家及美国华侨飞行员等的交往中窥见时代风貌，感知世事变迁。

胡风先生的女公子张晓风老师在为《读简录》所作的序言中简略介绍了胡风文库藏品的保存过程。单是书信就有3000多封，最早的是20世纪20年代的，最多的是20世纪30年代到1955年“胡风反革命集团”冤案发生的20多年，以左联时期和抗战时期为主。这些信件中，文化界的各方面人士以及爱好文学的青年们的来信数量尤其多，这与胡风的文艺批评家和报刊编辑的身份分不开。我早就期待作者对藏信中有关中国新兴版画，特别是抗日战争期间版画的文献进行解读。我之所以关注这一部分信件，是因为这些藏品与“鲁博”若干年来的工作密切相关。多年前，“鲁博”胡风文库的首任保管员于静对胡风家属捐赠给博物馆的第一批资料做过整理和研究，出版了《旧物记》（中华书局2008年版）。

现在，我的期待实现了，《淬火成锋——中国抗战版画家的木刻人生》这部专门解读胡风文库所藏抗战版画作品和抗战版画家来信的书稿摆在我的面前了。常楠希望我写几句话放在卷首，我想，那主要原因，是考虑到我参与了这些年博物馆抗战版画研究和展览的几项工作吧。

二

2015年，我陪同张晓风老师去武汉参加抗战版画展览开幕式，常楠随行照顾张老师。在武汉举办这个展览，并不单单是因为湖北是胡风的故乡，主要原因是胡风曾在武汉参与举办过一个抗战版画展览——展品回到“原地”。

北京鲁迅博物馆胡风文库所藏50余位版画家的近500幅抗战版画中，有一部分就是胡风在武汉期间搜集保存下来的，那次展览就展出了这一部分藏品。

1937年，随着平津、上海、南京等地相继沦陷，中国政府向内地撤退，做持久抗战的准备，武汉一时成为全国抗战的重镇。各地木刻家、木刻团体纷纷来到武汉。胡风等文艺界人士在武汉创办《七月》杂志，大量刊载木刻作品。胡风联合江丰、李桦等木刻家，于1938年1月8日至10日在武汉民众教育馆举办了“全国抗敌木刻画展览会”，展出作品300余幅，是全面抗战爆发后第一个大型的抗战木刻展。此后，1938年6月，中华全国木刻界抗敌协会在武汉成立，7月，中华全国木刻界抗敌协会举办了“第一回木刻展”，并出版了《全国抗战木刻选集》。

2015年在湖北省博物馆举办的抗战版画展，展品中就有10多幅当年“全国抗敌木刻画展览会”原展品，还黏贴着那时手写的说明条，十分珍贵。

本书作者常楠正是这类项目的参与者，而且是不可或缺的参与者，因为这个库房由她管理，每次取用展品、编写图书目录和展陈大纲，都有她在场和参与。武汉展览结束后，博物馆同仁对展陈品进行了整理、出版、研究和展示等工作。在这些工作中，博物馆形成了一个专业团队，负责搜集资料，编辑图册，策划展览，进行社教活动。

我还记得我们最初在筹备湖北省博物馆的展览时，坐在会议室，大家感到展览的题目不够吸引人，“抗战版画展”用在哪里都是可以的。忽然我在一堆展品中发现一本书，书名《中国战斗》，是一位叫万湜思（1914—1943）的版画家在抗战时期出版的木刻集。“万湜思”是版画家姚思铨的笔名，是世界语“献出”的音译。

这位英年早逝的版画家为抗战文艺献出了心血和生命。抗战版画,是艺术作品,也是武器;抗战版画家,是艺术家,更是战士。中国的抗战是全民抗战,人不分老幼,地无论南北。这位战斗在敌占区的版画家,用中文和世界语刻写自己作品的题名,更昭示了中国的抗战既是为中国,也是为世界和平和各国人民的福祉,有力地证明了中国的抗战是世界反法西斯战争的重要组成部分。在这场战争中,中国自身实现了团结,被称作一盘散沙的人民终于凝聚起来,爆发出巨大的力量。正是这种团结,成为抗战胜利的根本保证。这个题目意思完全契合展览主题,音声响亮,我提议展览的正题就叫"中国战斗",就用万湜思手刻红印在书面上的四个大字,得到了大家的一致赞同。

过去,北京鲁迅博物馆在研究和展示鲁迅收藏版画方面做了一些工作,但大多采用合作形式,如与浙江美术馆和欧洲艺术节的主办国合作展览鲁迅收藏的中外版画作品等。而武汉展览的成功,引发了鲁博在版画收藏、研究和展览方面的更多行动:收藏抗战版画资料,编辑抗战版画作品,甚至收藏了一些晋察冀抗日根据地时期的木刻原板。几年间,我们陆续编辑出版了《怒吼》《铭刻》和《中国新兴版画(1931—1945)》等图书。而用复制木板进行的拓印活动,让青少年获得刻画和拓印的体验,成为博物馆社教工作中一个很受欢迎的项目。

三

鲁迅虽然在全面抗日战争前夕去世，但他是抗战版画的先驱者，是中国现代新兴版画的倡导者。1929 年，鲁迅与柔石、崔真吾、王方仁等人以“朝花社”名义出版了《近代木刻选集》《新俄画选》等书籍，介绍欧洲木刻艺术。鲁迅积极介绍外国版画优秀作品，自费出版或为图书公司编选了近10部国外优秀版画家作品，并举办展览，向中国艺术界和民众介绍。30年代初，为了促进中国艺术青年学习外国版画原作，他与友人合办多次外国版画展，展出了德国、比利时、苏俄等国家十几位版画家的作品。

1931年8月，鲁迅在上海举办“木刻讲习会”，被视为中国现代版画兴起的标志。鲁迅在木刻讲习班课堂上展示的珂勒惠支的《农民战争》等作品，后来成为中国木刻工作者的范本。抗战时期一些版画作品表现的战斗场面、反抗精神明显带有珂勒惠支艺术风格的影响。鲁迅去世后，抗战版画沿着他所指引的现实主义道路继续发展，并在抗战的烽火中，迅速成熟，完成中国化、民族化，形成中国现代版画史上第一座高峰。

鲁迅敏锐地意识到木刻创作者会在反抗帝国主义侵略和专制统治的斗争中发挥作用，称木刻“是正合于现代中国的一种艺术”。他认为，发展新兴木刻，既要“绍介欧美的新作”，也要“复印中国的古刻”：“采用外国的良规，加以发挥，使我们的作品更加丰满是一条路;择取中国的遗产,融合新机,使将来的作品别开生面也是一条路。”他在给版画家李桦的信中提出具体建议:“倘参酌汉代的石刻画像,明清的书籍插画,并且留心民间所赏玩的所谓‘年画’,和欧洲的新法融合起来,许能够创出一种更好的版画。”

继武汉的集结后,随着抗日战争艰苦阶段的到来,在鲁迅教导下成长的版画青年担负起抗战版画创作的重任。1937 年 9 月 15 日,“木刻讲习班”学员江丰携带为“第三回全国木刻流动展览会”所征得的作品 200 余幅,沿途展览,到达汉口;同年 10 月,现代版画会在广州举行“抗战木刻展览”,作品由鲁迅的另一学生赖少其带到广西柳州、南宁、梧州和桂林巡展。整个抗战期间,一方面,国统区抗战版画作品表现了民众在战争中的苦难生活,以及日寇的残暴和战争带给人民的灾难和痛苦,刻画出人民面对暴行的挣扎和反抗;另一方面,延安的木刻作品,展现革命根据地的生产、生活和战斗场面,如大生产运动、拥军爱民等,表现了根据地人民对抗战胜利的信念和对幸福生活的渴望。

在艺术上,抗战版画也致力于民族性发展方向。在延安等地,艺术家们还热心收集和借鉴传统木版书籍插图、年画、皮影、民间灶画、门神、窑洞窗花剪纸等,使版画更加贴近普通民众。木刻版画在延安成了最大、最有吸引力的美术形式。1938 年 4 月 10 日,延安鲁迅艺术学院成立,设文学、音乐、美术、戏剧四个系。美术系事实上成了“木刻系”,木刻成了全体学员的必修课。

从左联到抗战,中国现代的木刻版画家们艰苦探索,吸收古今中外和民间的艺术营养，密切联系社会现实，贴近人民大众，创作了大量优秀作品，走出了民族化的独特道路，极大地推动了中国现代版画的发展。抗战版画代表了中国抗战时期美术的最高水平。

抗战期间，版画家牢记鲁迅的教导，为继承和发扬鲁迅的文艺理念，他们时时刻画鲁迅的形象，缅怀鲁迅倡导版画的功绩，用鲁迅的精神鼓励战友和同志。抗战胜利后，木刻协会总结成就，举办展览，编辑出版《抗战八年木刻选集》，书名集鲁迅手迹，在扉页上用红色字体庄重地印上“仅以此书纪念木刻导师鲁迅先生逝世十周年”。

胡风收藏的抗战版画最终入藏北京鲁迅博物馆，看似机缘巧合，实是后代师承鲁迅的必然。并且，这批版画作品在鲁博工作中发挥了作用，可谓得其所哉。

四

胡风在弘扬鲁迅文艺思想、推进版画事业发展过程中做出了不可磨灭的贡献。

本书以胡风与版画家的通信为切入点，展示抗战版画史上的重要节点和主要代表画家作品。作者延续其第一本书的写作宗旨：与鲁迅有关，与胡风有关，与版画有关。

这样的题目看似微小和具体，却需要有很深的学术修养。对鲁迅和胡风的文艺思想的了解自不待言，对中国现代历史、文学史、版画史也需要做充分的功课。本书选定的10位版画家，多与鲁迅、左翼美术运动有密切的联系，他们与胡风的通信即便在不提到鲁迅的时候，字里行间也闪烁着鲁迅的影子。尊崇鲁迅，服膺鲁迅的文艺思想，维护鲁迅的精神传统，是他们的共同特点。读者从中也能看到胡风在抗战时期，以鲁迅的文艺理念为指归，在版画的发展和进步道路上发挥的促进作用。

在鲁迅精神熏陶下成长的胡风及其周围的文艺人士，相互之间有一种天然的亲近，有温情和热情，有交流和共鸣。抗战版画以勇武的精神、壮阔的场面，是历史，是绘画，更是诗篇。在前辈的崇高理念和感人风范的感召下，“鲁博”的同事们做这些工作，就不仅仅是所谓日常，不只是完成任务，而是带着一种责任感。在版画研究和展览方面，博物馆也不止于在纪念日节点突击做一些展览工作，而是做了长远规划，继续扩大收藏，开展系统研究。

负责胡风文库的常楠，在编辑图录、策划展览的过程中，对有些版画家和作品做了系统深入的研究，发表文章和出版专著，是北京鲁迅博物馆以学术为引领的一个实证。资料的整理、展览之作以至社会教育项目策划，都与学术紧密相关，或者本为一体，都是学术工作的组成部分。

尽管对这些书信和作品的解读不是什么宏大的题目，但对相关文献的熟悉，具体地说，对抗战版画的历史要有了解。只有对一部抗战版画史了然于胸，再来解读藏品，才有全局观，对具体藏品的认识才能更加清晰，对意义的解读才能更加生动和深刻。常楠书中这些文章,正是在有了对新兴版画的整体认识以后,才形成对胡风所藏版画作品的历史地位、社会意义和艺术价值的客观把握。作者从藏品解读和分析出发,努力在广阔的视野下和丰富的资料基础上探讨深层的内蕴。以写卢鸿基版画的《木刻诗人的不懈吟唱》一篇为例。卢鸿基在上海中华艺术大学听过鲁迅的题为《绘画杂论》的讲演,认识到木刻这一新兴艺术的特点和作用;抗战期间,日军袭击他的家乡海南,得到消息,卢鸿基怀着悲愤创作了《故乡消息——海南岛的抗战》,流传甚广、深受好评。作者引用了卢鸿基回忆创作过程的文字,分析其艺术特点,并进一步介绍卢鸿基担任"中华全国木刻界抗敌协会"常务理事的情况,及与胡风等文化界人士的交往,进而介绍他的其他杰作如《朗诵诗》《儿呀,为了祖国,勇敢些!》《母与子》《朱德将军及其伙伴》《谁使你们流亡》等。卢鸿基的木刻《朗诵诗》给人的印象尤深,画面右上刻有"1938 Louhonky 朗诵诗"的字样,下方印有副标题"抗战中诗人的任务"。一位高大而瘦削的青年,背向观众,打开一本诗册朗读,青年们簇拥在他身边,认真聆听。正如本书作者所描绘的"这幅木刻作品无声胜有声,以传神的现场感表现出抗战诗歌朗诵运动的浩大声势和强烈反响,因而也成为抗战木刻运动中的名作",在抗战中,诗人和木刻家的形象正是这样。卢鸿基刻出这样的作品,与其诗人兼画家的身份契合。卢鸿基在创作上得到胡风的鼓励和指导。文章引述了胡风回忆录有关情节:虽然卢鸿基的海南口音让他们之间交流并不顺畅,但胡风及其弟子路翎和阿垅对卢鸿基绘画艺术的赞赏让后者找到了精神寄托和前进的动力。尤其是胡风对卢鸿基诗才的认可,也让卢鸿基有找到“知音”之感,文章引述卢家荪的《诗情永绕海之涯》(《苦瓜棚诗词遗稿》,长征出版社2007年版)的一段是点睛之笔:

> 抗战期间,作为“文协”会员,他常有作品在“文协”主办的《抗战文艺》上发表。其中有篇题为《海》的散文,在发表时放在刊物的诗歌栏中,且排在第一篇,这使鸿基公有些迷惑,便向胡风提起,不料胡风说,“本来是诗嘛! 雪峰也这么讲。”鸿基公听后顿觉释然:我本来就是写的散文诗,还真让你们看出来了。从此,鸿基公的写诗热情更为高涨。

木刻本来就是诗,抗战也是一篇伟大的诗篇。这些内容充分显示一代抗战版画家的文艺修养的深厚。因为这些经历,1939年10月,重庆文化界举行纪念鲁迅逝世三周年大会,胡风特地请卢鸿基前来协助布置会场并绘制大幅鲁迅像,以及后来卢鸿基生病回到海南修养期间写信给胡风细诉情感和思绪,就可以理解了。

因为鲁迅和胡风在版画方面的贡献,我们更应该注意文学与版画的关系。抗战版画是整个文艺抗战的一部分,抗战文艺协会下有一个木刻协会,后来发展成全国木协,做了很多实际的工作,影响很大。胡风将鲁迅的文艺理念通过版画贯彻到实际的抗战宣传中。在抗战时期，报刊更需要这种直观的艺术作品，作为题头和插图，黑白分明，表达立场，具有视觉冲击力。鲁迅在上海编辑文艺刊物时建立的优秀传统——他编《译文》等杂志，注重采用照片、绘画包括木刻作品，竭力使版面生动有趣。胡风编辑刊物，秉持鲁迅的编辑理念，注重采用插图，与版画家保持密切联系。作为文艺批评家的胡风，周围团结了很多美术家、诗人、小说家、批评家，彼此之间交往频繁。本书作者在解读这些信件时是充分注意了胡风周围的文艺团体和时代风尚的。因此，可以说这本书不但具有"抗战版画特色""博物馆特色"，而且具有"胡风特色""鲁迅特色"，有一个以胡风为关键链条的鲁迅传统的清晰脉络。

本书作者注意搜集抗战版画的历史乃至抗战历史，对当时的文化氛围、社会形态、民众心理等都有比较贴切的把握，故能体会版画家的创作意图，认识作品风格和民众的欣赏习惯。为了做好这项工作，她查阅和整理了大量文献资料。我看到她做的《七月》插图目录，从杂志第一期到最后一期，从月刊到周刊，都有详细统计。如第一期(民国二十六年十月十六日出版，二十五日再版)的插图有：

1.《全民一致的力量》(木刻，1页)，查沃；

2.《最后关头》(木刻，8页)，许生；

3.《鲁迅的一生》(木刻，23页)，惊百。

从列表中可以看到，除了艾青的雕塑、李可染的墨画、钟灵和陈烟桥的漫画等少数几幅其他艺术形式作品，《七月》采用的大多是木刻版画。

本书作者不但注意史实的梳理，也注重对具体作品进行艺术分析。将文史和艺术融合起来，将画家的经历与其作品的关系、画家的艺术修养与创新的关系以及抗战版画的丰富内涵更生动地讲给读者和观众，是“鲁博”人的使命，也是秉持“学术立馆”宗旨的“鲁博”人的追求。我一面热烈祝贺本书的出版，一面殷切期待更多精彩论著。

黄乔生

（作者系北京鲁迅博物馆原常务副馆长，兼中国鲁迅研究会常务副会长）

前言

在今天的北京鲁迅博物馆胡风文库，收藏有近500幅创作于抗日战争时期的木刻版画原作，这是著名诗人、文艺理论家、编辑家胡风的旧藏，在历经数十年的风云变幻、坎坷波折之后，奇迹般保留到了今天。这些弥足珍贵的抗战版画，不仅刀法娴熟、造型独到，给人以视觉上的冲击力和美的享受，更以图像和美术的方式，记录了一段硝烟弥漫而又热血沸腾的特殊历史，也记录了整个中华民族在生死关头的愤怒呼告和不屈抗争。

自鲁迅于20世纪20年代末开始倡导新兴木刻运动之后，现代木刻版画艺术从此在中国落地生根，它经历了20世纪30年代前期的萌芽发轫期，在抗日战争期间有了爆发性的成长提升。正是抗日战争的烽火和投身抗战的木刻青年们的拳拳爱国之心，赋予了中国抗战版画内在的灵魂与品格。这一时期的抗战版画，不仅仅是有着独特形式与表达手法的艺术品，更是唤醒民众、鼓舞整个民族反击侵略、奋起抗争的宣传武器。在特定的时代背景和艰苦的客观环境下，木刻版画由于作画材料的简便易得和与印刷出版的天然联系，吸引了大批美术青年，他们以这种艺术表达方式，抒发着自己的艺术才华和报国之心。也许，以今天的视角来看，抗战版画从艺术上讲，还略显粗砺，有着这样或那样的缺陷，但这却无碍于它自身蕴含的激情与伟大。这是一种有着内在力度和勇敢精神的艺术，它属于不屈的时代，不屈的画者，更属于不屈的国度和人民。

北京鲁迅博物馆胡风文库所藏的这近500幅抗战版画，分别出自于王青芳、陈叔亮、段干青、马达、乌叔养、沃渣、罗清桢、李桦、温涛、张慧、郑野夫、江丰、卢鸿基、陈烟桥、张在民、徐甫堡、陈执中、力群、杨可扬、王寄舟、万湜思、唐英伟、洪风、赖少其、金浪、庄言、黄新波、陆田、罗工柳、闫素、郭牧、刘建庵、王琦、安林、古元、荒烟、王麦秆、钟灵、郑震、王立、焦心河、黄幼荣、杨缇、平杜、王天基、平子、许生、潘业、王愚、胡一川、张望、陈铁耕、张漾兮、夏风、丰中铁等50余位抗战版画家之手。这些当年的木刻青年，大部分在日后的漫长岁月中成长为卓有建树的美术家和美术教育家，这其中，又有一些人毕生从事木刻事业，撑起了中国现代版画艺术的一片天空。从这些珍贵的抗战版画作品中，我们可以看到这些日后的版画巨子在青年时代的种种探索和思考，亦可看到他们所亲身经历并全心投入的那段无比艰难却又无比光辉的燃情岁月。

在这近500幅抗战版画中，特别值得关注的是来自抗日根据地的抗战版画，它们的内容清新刚健，线条活泼流畅，有着浓郁醇厚的生活气息和明快爽朗的艺术风格，在抗战版画中独树一帜，形成了日后影响深远的“延安学派”。1938年11月，延安鲁迅艺术学院美术系成立了木刻工作团，开往前线和乡村，对战士和农民进行木刻宣传，也和他们生活在一起，慢慢熟悉他们的欣赏习惯和审美趣味，并在木刻作品中表现他们的火热生活。有的版画家还深入民间采风，创作了大量剪纸风格的木刻。随着1942年毛泽东《在延安文艺座谈会上的讲话》的发表，“深入生活、深入民间”的思潮更是深刻地影响了整个延安文艺界，在这种思潮的熏染下，抗日根据地的抗战版画家们创作出了一系列贴近生活、让群众喜闻乐见的版画，如力群的《丰衣足食图》《小姑贤》《帮助群众修纺车》，古元的《乡政府办公室》《减租会》等，这些“作品充满浓郁的边区生活气息和战斗气氛，并逐渐摆脱欧洲木刻影响，具有了民族特色与中国气派”，为新兴版画的民族化、本土化奠定了坚实的一步。

常言道：知人论世识文章。在对抗战版画的欣赏理解上，又何尝不是如此。一幅成功的抗战版画的创作，必然结合了时代的风潮、画者的个性与艺术的表达。因此解读抗战版画，也必然要从解读整体时代氛围和画家本人的生平经历入手，才能更好地理解抗战版画的创作缘由、实际内蕴和后续影响力。故而，本书选取江丰、李桦、郑野夫、陈烟桥、黄新波、马达、力群、古元、卢鸿基、王琦10位有代表性的抗战版画家与其所创作的且被北京鲁迅博物馆胡风文库所收藏的抗战版画作品进行案例分析研究,试图以具体的抗战版画作品为切入点,还原这10位抗战版画家历经沧桑而又颇具传奇色彩的艺术人生。

目录

江丰:千凿万刻乃此生

在中国现代木刻诸子之中,江丰无疑有着很强艺术影响力和社会活动能力,但他的人生道路也最为坎坷崎岖。革命与美术,是贯穿江丰一生的两个主题,他毕生真诚地投入革命,也始终热烈地拥抱美术,并在这两个方面都取得了巨大的成就。至今,北京鲁迅博物馆胡风文库还存有15幅江丰的抗战木刻原作,它们无言地见证了江丰作为进步木刻家充满磨难的前半生,也展现出江丰在艰难困苦中仍然无法压抑泯灭的人生热情和艺术才华。

江丰,曾用名邹介福、周熙,1910年生于上海浦东的一个产业工人家庭,父亲是木匠,母亲为纺织女工,两个妹妹从幼年起就在纱厂做工。家境贫寒,江丰的父母经常受人欺凌。因此,江丰从小就同情穷人,对社会不公深感不平。1925年,五卅运动在上海爆发,产业工人在这次进步运动中所显示出的巨大力量,给了少年时代的江丰以巨大影响。1927年，上海在大革命狂潮的席卷下，连续爆发了三次工人武装起义，这给江丰留下了深刻的印象，也正是在这一时期，他与中共组织有了接触，并参加了工会组织的罢工运动。此外，自幼爱好绘画的江丰还阅读了不少翻译过来的马克思主义文艺理论著作和进步文艺作品，并对报刊上刊登的各种美术作品产生了浓厚兴趣，且意识到美术是表现人生、揭露社会弊病的有力武器。1928年，江丰顶替去世的姨父进入上海沪宁铁路局材料处任会计员，第二年便利用晚上的工余时间到上海“白鹅画会”学习绘画，直至1931年。“白鹅画会”全名为“白鹅绘画研究所”，原是集体研究西画的画社，1924年由陈秋草、方雪鸪、潘思同等人发起成立，这所研究性质的业余美术教育团体培养了一批后辈西画人才，除江丰外，还有费心我、刘汝醴、程及、陈学书等人。虽然江丰有着上好的美术天赋和发展机遇，但做一名出色的画家并非江丰真正的理想，在他的内心深处，始终有着以美术改造社会的意愿。1930年2月，江丰与许幸之、叶沉、王一榴、陈烟桥等人一起，发起成立了“时代美术社”。当年7月，“时代美术社”联合上海美专、新华艺专、上海艺大、中华艺大、“白鹅画会”、杭州“一八艺社”等艺术院校和美术团体的部分师生和进步青年，成立“左翼美术家联盟”（简称“美联”）。江丰代表“白鹅画会”出席了“美联”成立大会，并被选为执行委员。1931年年初，江丰在“白鹅画会”结识了被国立杭州艺专开除的进步学生陈卓坤（陈广），并经他介绍认识了张眺（耶林）、于海（于寄愚）、陈铁耕（陈耀唐）等“一八艺社”社员，共同筹建了“上海一八艺社研究所”，成为“美联”开

展活动的一个据点。在后来的回忆文章中,江丰这样写道:

一九三〇年,有一批被艺专当局开除和被迫退学的进步学生,从杭州到上海,同我相识后,计划自办团体,自学绘画。翌年春,这个计划实现了,在江湾路租到两间房间,一作画室,一作宿舍,成立了"上海一八艺社研究所"。社员们为了与当时泛滥于艺坛的裸女图、少女像、静物画、西湖风景、罗马夕照以及"骷髅与美人"之类"名"画家的作品相对立,作画好取失业工人、行乞老人、拣破烂儿童、贫民区、工厂小景等为题材,以为这就是所追求的革命的现实主义艺术。

正在此时,见到鲁迅先生自费出版的《梅斐尔德木刻士敏土之图》,我们顿开眼界,得到启发,认为真正找到了革命艺术的描写内容和表现形式的学习范本。这个德国木刻家,以强烈的黑白对比和豪放有力的刀法塑造的工人形象,以及工人们为工业复兴而进行的劳动和斗争所构成的生动场面,令人感奋不已。我们从此就下决心:放弃油画,改作木刻。

刻木刻的工具——木刻刀,哪里去买呢?我和陈铁耕到处找,终于在先施公司发现了五把装的木刻刀,是美国货,每副定价七元,我当掉了一件毛料夹长衫把它买下来,可见我们当时对木刻这门艺术的热心程度。

在没有人指导的情况下,我们模仿着梅斐尔德的刀法和作风，刻出几幅描写码头工人、工人反帝代表会议、警察围捕示威群众的作品。这自然很粗糙稚拙，但作者却洋溢着创作的喜悦；特别因为这些作品，同中国最革命的社会力量——工人阶级争取解放的斗争发生了联系，而获得的价值意义，使我们无比高兴。①

在成立“上海一八艺社研究所”的过程中，江丰与代表“左翼文化总同盟”出面联系的冯雪峰相识，并结下了一生之交。同年5月，在张眺的介绍下，江丰加入了“上海反帝大同盟”，进而在杨树浦工人区开展工作。几乎与此同时，江丰又与“左联”成员楼适夷相识，并帮助楼适夷编印“左联”机关刊物《前哨》。也就是在江丰越来越深入地介入到左翼文化运动的过程中，他与中国新兴木刻运动的倡导者鲁迅，也在不知不觉间开启了一段独特而影响深远的渊源。

1931年6月，江丰的美术作品参加了在上海老靶子路吴淞路口日本上海每日新闻社大厅举办的“一八艺社习作展览会”，此次展览的场地是鲁迅托内山完造租借的，展期共3天，共展出美术作品180余幅。6月12日，鲁迅参观了此次展览，并为展览撰写了序言《一八艺社习作展览会小引》，在这篇文字中，鲁迅对“一八艺社”的未来抱以无限的希望。

---

① 江丰：《鲁迅先生与“一八艺社”》，《江丰美术论集》，人民美术出版社1983年版，第129—130页。

中国近来其实也没有什么艺术家。号称“艺术家”者，他们的得名，与其说在艺术，倒是在他们的履历和作品的题目——故意题得香艳，漂渺，古怪，雄深。连骗带吓，令人觉得似乎了不得。然而时代是在不息地进行，现在新的，年青的，没有名的作家的作品站在这里了，以清醒的意识和坚强的努力，在榛莽中露出了日见生长的健壮的新芽。

自然，这，是很幼小的。但是，惟其幼小，所以希望就正在这一面。[①]

展览结束两个月后，鲁迅借用长春路日语学校的教室举办了木刻讲习班，邀请日本木刻家、内山完造的弟弟内山嘉吉前来主讲，自己则亲任翻译。江丰、陈广、陈铁耕、黄山定、李岫石、顾鸿干、郑启凡、钟步青、乐以钧、苗勃然、倪焕之、胡仲明、郑川谷等13人作为学员参加了这次讲习班。多年以后，江丰在回忆文章中讲述了讲习会上的具体情况。

第一讲的内容是，让学员们把带来的木刻作品互相提意见，供教师了解他们对木刻的看法、刻法以及要求解决的问题。嘉吉先生认为，有些作品的刻印技术存在

① 鲁迅：《一八艺社习作展览会小引》，《鲁迅全集》第4卷，人民文学出版社2005年版，第316页。

> 着不合法度和要求欠严格的缺点。鲁迅先生则着重指出，初学者应从简单点的题材着手，急于作构图复杂的群众场面，是难得刻好的。两位先生的教导，纠正了我们急于求成、求大，不求实效的创作思想，这从以后的作品看出，是起了一定作用的。
>
> 以后几讲，结合学员们课外时间作的小幅习作，讲木刻的各种刻印技法。嘉吉先生一面示范一面讲解，将木刻的起稿、用刀、刻法、拓印、套版等基本知识传授给学员们。讲课余下的时间，用来观摩鲁迅先生每天带来的一包袱各国的版画作品，主讲就是鲁迅先生自己。①

讲习班结束后，江丰与其他学员和鲁迅、内山嘉吉一起，在讲习班所借用教室对面一幢楼房的草坪上合影，每人各得照片一张留作纪念。而江丰在这次讲习班上的木刻作业《老人像》《劳动》也被内山嘉吉收藏，现藏于日本神奈川县立美术馆。

不久，九一八事变爆发，日军出兵侵占了东北地区，长期积极参加进步活动的江丰也随之投入到抗日救亡的宣传工作中。在这一年，他不仅创作了《九·一八日军侵占沈阳城》《日军侵华暴行》《要求抗战者，杀》《到前线去》等充满爱国激情的木刻作品，表达了对日本侵略者的谴责和愤怒，还把这些作品印为木刻传单，在

① 江丰：《鲁迅先生与“一八艺社”》，《江丰美术论集》，人民美术出版社1983年版，第131—132页。

上海街头散发。1931年12月,“上海反帝大同盟”改名为“上海民众反日会”,江丰担任宣传工作,负责编印《工人画报》和《反帝画报》,且在上面发表自己创作的木刻作品。这些呼吁救亡、谴责侵略的画报不仅被分发给上海的各个救亡团体,也赠送给鲁迅一份作为纪念,还在上海的街头和工厂门前张贴公示。此外,在江丰的影响下,“一八艺社”的成员不仅重视对绘画基本功的磨练,还积极阅读普列汉诺夫《艺术论》《艺术与生活》、卢那卡尔斯基《文艺与批评》《唯物史观》等进步文艺理论书籍,以求提高思想水准。1932年1月,日军进攻上海闸北的一·二八事变爆发,日军全面侵华的阴影越来越近,激起了中国民众愈加激烈的愤怒和抗议。其后,江丰在洪灵菲等人的介绍下加入中国共产党。田汉代表左翼文化总同盟召集“美联”盟员开会,商讨一·二八事变后的“美联”重建问题。“美联”重建后,江丰当选为执委并兼任党团支委,和于海、马达共同主持“美联”工作。5月,“美联”为了取得公开活动场所,建立了“春地美术研究所”,新加入的成员有因参加进步活动、刚被杭州艺专开除的季春丹(力扬)和蒋海澄(艾青),江丰与艾青从此相识,并成为终身挚友。1932年6月,“春地美术研究所”在上海八仙桥基督教青年会举行画展,展出了木刻、油画、国画、木炭画等美术作品,也展出了鲁迅收藏的德国版画。鲁迅携全家参观了此次展览,并在展览上购买了包括江丰的《码头工人》在内的10余幅木刻作品。仅仅一个月后,“春地美术研究所”就被国民党反动当局查封,江丰和于海、黄山定、艾青、力扬等骨干成员也遭到逮捕并被判刑。在狱中,江丰和其他党组成员一起,发起了三次绝食斗争，并带领难友坚持学习和绘画，且在狱中画了大量有关囚徒生活的速写。此外，江丰、艾青等人还给鲁迅写信，报告在狱中生活和斗争的具体情况。

在狱中，江丰除了和鲁迅保持通信联系之外，还结识了中共早期领导人邓中夏，并深为其勇敢无畏、视死如归的革命精神所感动。1933年7月，因国民党当局掌握证据不足，江丰被宣判无罪释放，出狱后即任"美联"党组书记。两个月后，江丰为配合"巴比赛反帝调查团"的活动，参与筹划在上海召开的"全国反帝代表大会"，并因此再遭逮捕判刑。在狱中，江丰通过前来看望的倪焕之，收到了鲁迅赠送的《凯绥·珂勒惠支版画选集》一书，并勤加临摹学习。

1935年9月，江丰再度获释出狱，其后参加了上海文化界内地服务团，负责宣传画的绘制，还曾短期在中小学任教。年底，江丰与郑野夫、沃渣、温涛等人组建了"铁马版画研究社"，并手印出版了《铁马版画》创刊号。江丰不仅为这个刊物定名"铁马"，还给这个创刊号的封面和扉页都创作了木刻图案，且在创刊号上另外发表了《母子们》《一·二八之回忆》两幅木刻作品。因为物质条件的匮乏和出版环境的日益严酷，这期刊物至1936年8月只出版了三期便宣告结束，但江丰仍然在这个刊物上发表了《审判》《义勇军》《战士》等木刻作品。江丰还参与了"第二回全国木刻流动展览会"的筹备工作，并有木刻作品《一·二八之回忆》参加了这个展览在广州图书馆的首展。1936年10月2日，"第二回全国木刻流动展览会"巡回至上海，在上海八仙桥青年会九楼展出。10月8日，重病的鲁迅亲临会场，并与在场的木刻青年进行了亲切的交谈。仅仅11天后，鲁迅与世长辞，江丰万分悲恸。一个月后，他与力群、曹白、陈烟桥等人一起，共同发起成立“上海木刻作者协会”，发表了《上海木刻作者协会成立宣言》，表达了继承鲁迅遗志、将中国的新兴木刻事业发扬光大的决心。1937年3月，江丰在《光明》杂志第二卷第七号扉页上发表了表现上海工人第三次武装起义的木刻名作《向北站进军》，这幅作品亦是江丰木刻生涯中的代表作，其原拓在今天的中国美术馆和北京鲁迅博物馆胡风文库均有收藏，直至今天来看仍有激动人心的力量。

向北站进军

胡风文库收藏的这幅《向北站进军》，长45.3厘米，宽21.5厘米，在木刻作品中是非常罕见的大幅面制作。此画作所描绘的场面，是1927年3月22日上海工人第三次武装起义时，周恩来亲自指挥工人纠察队围攻上海反动当局的最后一个据点——上海北火车站的具体景况。当时的上海北站由军阀毕庶澄率敌军占据，工事坚固,工人纠察队久攻不下。上海总工会派人前往龙华的北伐军东路军指挥部,向坐镇的白崇禧求援,无奈白崇禧按兵不动。于是,在周恩来的指挥下,闸北工人纠察队和前来支援的沪东、沪西工人纠察队会合在一起,集中轻重武器,向上海北站的东南面发动总攻。这次战斗最终在晚间取得胜利,标志着上海第三次工人武装起义的全面胜利。这幅画作场面宏大、人物众多,然而却并不重点描绘某个具体人物,而是把“工人”当作一个群体进行整体刻画。整个画面的正前方,是一队劳工装束且高举旗帜,手持铁锹、铁锤等工具的工人,正在威武行进,他们面色凝重、蓄势待发,马上就要投入战斗。在他们的斜前方,有另一队举着旗帜、手持斧头、神态激昂的工人,马上就要与前一队工人会合到一起。画面的右侧,有一对平民装束的母子,他们默默站立,背对着观众,凝视着即将会合在一起的两队工人纠察队。画面的远景,则是大片的厂房和烟囱,暗示着画面上工人们的出处——工厂。整幅画作构图大气,用线刚毅,人物造型有一种浮雕般的质感,在行军的节奏中展现出劳工阶层的无限力量。江丰在上海工人第三次武装起义胜利十年之后创作这幅木刻作品,无疑是有着特殊用意的。当时,日军的全面侵华已迫在眉睫,整个民族需要唤醒内在的力量和斗志去反击侵略。作为工人子弟和上海工人第三次武装起义的亲历者,江丰非常清楚工人阶层的血性和魄力,他采用回忆的方式,把十年前上海工人第三次武装起义的光荣战斗再现在木板上,力图唤醒上海民众内心深处的愤怒和不屈,为未来的抗战做好准备。因此,《向北站进军》不仅是回顾历史之作,也是召唤未来之作，在中国抗战版画史上亦有着卓然的历史地位。

此后，江丰又在《光明》杂志第二卷第八号扉页上发表了木刻《出发》，并参与了“第三回全国木刻流动展览会”的筹备工作。1937年8月，“八·一三”事变爆发，淞沪地区进入战争状态。在战火中，江丰与胡风相识，并帮助胡风搜集木刻作品，这在胡风日记中有所记载（胡风日记现存北京鲁迅博物馆胡风文库，后文同）：

1937年9月6日 ……江烽（按：即江丰）在曹白处，身体似乎不好。木刻展的许多木刻存于陈烟桥处，他说可借给我一份。

1937年9月11日 ……只江烽在，他交来了五十多幅木刻。

1937年12月29日 ……艾青同江烽来。

1937年12月30日 ……下午，艾青、江烽来，送来江烽带来的木刻数十幅。

1937年9月，江丰随上海文化界救亡总会出发，携带为“第三回全国木刻流动展览会”征集到的200多幅作品，离开上海前往汉口，并在沿途举办展览。1938年1月8日至10日，江丰和其他一些友人协助胡风，以《七月》杂志社的名义，在武汉民众教育馆举办了“抗敌木刻画展览会”，一共展出300余幅木刻作品，其中的200余幅作品是江丰由上海带到武汉的，展览取得了巨大成功，共有6000名左右的观众参观了此次展览，极大地鼓舞了民众的抗战意志和爱国热情。展览结束后，江丰又带着被展出的一部分木刻前往延安，胡风也在日记中记录了江丰在武汉协助展览工作和前往延安前夕的相关情况：

1938年1月7日 ……晨，艾青等拿江烽带来的木刻来，选好，编目、装置，合原有的部份，超过了三百幅。

1938年1月8日 ……照料的有江烽、艾青、田间、王淑明、李又然、萧军夫妇、端木、马达、宛君等。

1938年1月10日 ……五时后，同艾青、田间、江烽、李又然、宛君姐弟等收拾木刻，和M携回家来。

1938年2月7日 ……江烽来，萧军之友人郭君来。

1938年2月12日 ……江烽来，他要去进抗大了，想弄免票。

1938年2月13日 ……到臧云远处，他给了江烽车票。

江丰抵达延安后，与边区文联主席柯仲平和林山会面。由于1935年9月出狱后，江丰失去了组织关系，经过中共中央组织部的再度审查，他的组织关系得以恢复。其后，江丰被分派到八路军总政治部工作，负责编辑出版《前线画报》杂志，与此同时，江丰继续进行木刻创作，先后在《七月》杂志上发表了《战士》《何处是家》等木刻作品。1937年3月12日，延安举行了“纪念孙中山先生逝世13周年暨追悼抗日阵亡将士大会”，江丰参加了此次大会，并依据大会的召开情况，创作了木刻《延安各界纪念抗日阵亡将士大会场》,而这幅作品的原拓之一,现在还保存在北京鲁迅博物馆胡风文库。

延安各界纪念抗日阵亡将士大会场

保存在胡风文库的这幅《延安各界纪念抗日阵亡将士大会场》长11.1厘米,宽8.9厘米,以具体参会者的视角,俯瞰整个会场的整体情况,画面的左前方是两个参加大会的八路军战士,一人侧身,一人举拳背对观众,两人均以大片阴影和粗重的线条勾勒,形象简略而颇具质感。画面的正前方是另外两个背对着观众的八路军战士,亦用大面积阴影和粗重的排线表现,这两人虽与左边二人处在同一水平线上,却只露出上半身,说明这两个人的实际姿态是坐姿,与左边的两个人形成了一种高低不同的错落感。画面的中景则描绘了参加会议排排就座的听众和会场上飘扬着的旗帜和标语,虽是简略刻画,但仍充分展示出会场的规模和召开的盛况。画面的远景描绘了会议的主席台、陈列的孙中山像和延安远处的山峦。主席台上的会议主持人已经缩略为一个微小的黑影,但仍能看出其高举左拳呼喊口号的姿态。这幅画作的巧妙之处就在于视点独特,没有把重心聚焦在主席台上,而是通过参会者的眼睛来通观会场,增加了画面的真实感和亲切感。

1938年6月,"中华全国木刻界抗敌协会"在汉口召开成立大会,远在延安的江丰被选为大会理事会理事。其后,江丰参与编辑的《前线画报》在延安创刊,这个刊物以发表各种连环画、漫画、木刻、彩色画、诗配画为主,也发表形势地图、军政人物像以及群众歌曲、绘画基础知识和通俗自然知识等,对延安的抗战宣传起到了推动作用。7月16日,天蓝作诗《G.F木刻工作者》在《七月》杂志发表,以江丰为诗歌中的木刻工作者原型,而"G.F"也是江丰木刻的署名。此后天蓝又作《G.F木刻工作者第二章》一诗,亦发表于《七月》杂志。1938年8月,"中华全国木刻界抗敌协会"出版《全国木刻选集》,江丰的木刻作品《冰雪中的东北抗日义勇军》入选。这一年的年底,江丰在《文艺阵线》杂志上连续发表了木刻作品《平型关连续画之一》《平型关连续画之二》,用木刻的形式对平型关大捷进行了刻画和宣传。

1939年2月,江丰调任延安鲁迅艺术学院(简称"鲁艺")美术系教员,创作了木刻套色新年画《保家卫国》(此作现已不存于世),交鲁艺春节宣传队下乡张贴。同年,他又在《中国妇女》杂志创刊号上发表木刻作品《五小时开地六分》和《女生开荒队》。1940年,江丰继续在《文艺战线》上发表了木刻作品《会议(平型关连续画之一)》,又在《七月》杂志上发表了文章《鲁迅先生与中国的新兴木刻运动》,胡风在日记中,也记录了江丰的相关投稿情况:

1940年1月24日……得江丰信及文稿、木刻。得孙钿信。复江丰、孙钿,给丁玲。

同年6月,江丰出任改组后的鲁艺美术部主任,美术部下设美术系和美术工场,集中了焦心河、古元、张望、夏风、安林、郭钧等一批木刻家,从事美术教学和创作,并积极开展对传统和民间艺术形式的借鉴运用。1941年,江丰当选为陕甘宁边区美术界抗敌协会执行主席,并于年底在《解放日报》上发表了《绘画上利用旧形式问题》,探讨了中国传统艺术对于木刻创作的借鉴意义,为推动木刻民族化、大众化进行了积极探索。

1942年2月19日,江丰与沃渣、胡一川、李桦、王琦、古元、力群、彦涵、卢鸿基、马达等50余人致函苏联版画家,表达了对苏联卫国战争的热情支持。5月,江丰参加了延安文艺座谈会,并聆听了毛泽东在会上做出的重要讲话。还参加了延安整风运动,但不幸的是,在这个过程中,他遭受了延安"审干"运动扩大化的打击,被隔离审查了约一年时间。

1945年3月,恢复工作的江丰组织并参加了鲁艺美术研究室年画研究组,探讨研究新年画的内容与形式相结合的问题。此后,他又和力群、王朝闻、古元、彦涵等人一起,撰写了《关于新的年画利用神像格式问题》，发表在1945年4月12日的《解放日报》上。7月，江丰当选为中华全国文艺界抗敌协会延安分会常委。9月，抗日战争刚刚取得胜利后，鲁艺组成了“华北文艺工作团”，离开延安前往张家口，在出发前夕，江丰给胡风写信(此信现存北京鲁迅博物馆胡风文库)告知情况。

胡风先生：

很久没给你信，很想念你。明天我要随华北文艺工作团去前方，团长是艾青，共五十余人，王朝闻亦同去。到目的地后再设法给你写信。祝你康健！紧握你的手！

江丰

九月廿日晚

1946年1月，抵达张家口的“华北文艺工作团”并入华北联大。江丰担任华北联大文艺学院党委副书记、美术系主任，并当选为晋察冀边区党委文化委员会委员。2月，他又在《晋察冀日报》上发表了《介绍延安木刻展》一文。7月，江丰又出版了《民间剪纸》一书，这是已知的第一本中国民间剪纸集，江丰与艾青也托人将此书赠予胡风，至今还保存在北京鲁迅博物馆胡风文库，这在胡风日记中也留下了痕迹：

1946年8月4日……艾青与江丰托人带来《古元

木刻选集》和《民间剪纸》各一本。

1946年9月,《木刻选集》由中外出版社出版,江丰分别创作于1939年和1940年的木刻作品《街》和《国民党狱中的政治犯》入选此书。同月,中华全国木刻协会主办的"抗战八年木刻展览会"在上海大新公司画廊开幕,江丰的木刻作品《穷人之家》参展,并被收入由上海开明书店出版的《抗战八年木刻选集》。

1949年1月,北平和平解放。3月,江丰与艾青、王朝闻、李焕之等人一起,组成文化接管小组进驻北平国立艺专。两个月后,他又在《人民日报》发表了《国画改造的第一步(国画讨论之二)》一文,对国画在新时期的发展方向进行了探讨。其后,江丰参加了第一届文代会,并在会上作了《解放区的美术工作》的专题发言。7月21日,中华全国美术工作者协会成立,徐悲鸿当选主席,江丰当选副主席和党组书记。9月,上海全国美展结束后,江丰又与野夫、刘开渠、庞薰琹、莫朴、彦涵等人一起抵达杭州,接管国立艺专,并担任了第二副校长,在国立艺专实施新教育方针。在新中国建立前夕和初期的这段时间里,江丰辗转于北京、上海、杭州等地,格外忙碌,这一时期,他与同样在京沪两地奔波的胡风有了更为密切的往来,这在胡风的日记里有着明确的记录:

1949年3月28日……王朝闻、江丰、艾青来,欧阳山来,与他们到美专看木刻展,又到东安市场小馆喝了酒。

1949年8月18日……上午不在中江丰来访。

1949年8月20日……江丰与刘开渠来。与江丰闲谈了二小时以上。

1949年9月16日……在艾青房里闲谈,他为明天去杭州的江丰饯行,一道到馆子里喝了酒。

1950年2月21日……江丰来。

1950年4月3日……江丰来。

1950年4月4日……江丰及其爱人(路璪璪)来,午饭后去。

1950年6月10日……上午,与M到艺专,见到江丰、程丽娜、孟克、野夫、舒模等,他们邀到“楼外楼”午饭。

1950年6月11日……有江丰夫妇及方然,见到任底夫人钱素娥。宿于艺专。

1950年6月12日……和江丰闲谈到十二时。

1950年6月13日……孟克夫妇和江丰来闲谈。和江丰谈油画史问题到十二时。

1950年6月14日……晨,江丰来。

1950年8月6日……上午,江丰来,午饭后去。

1951年4月9日……江丰来,午饭后去。

1951年10月2日……睡到十时才醒。江丰来了,赶快穿衣服起来。和江丰闲谈到十一时半。

1952年9月9日……会后,丁玲、张天翼约去游北海,有黄源、江丰一道,喝了茶,吃了饭。

1953年5月9日……与江丰到他那里吃饭。

1954年2月5日……艾青、江丰来，李又然来，在这里吃晚饭。

1950年秋，江丰在杭州国立艺专召开了“国画改革讨论会”，并在会上作了颇有争议的总结性发言，在发言中，江丰这样说道：

……中国画，不能反映现实，不能做大画，必然淘汰。将来定有世界性的绘画出来。油画能反映现实，能做大画，是有世界性的……①

江丰在这番总结中表露出的观点在今天看来无疑是过激的，虽然究其原因是革命化的美术工作者在新中国建立后渴望推陈出新，通过美术改造社会，但这种操之过急的态度还是引来了不少资深美术家的非议和不快。

1951年9月，江丰被任命为中央美术学院副院长，返回北京就职，并于次年6月起草了《中央美术学院改革方案》。1953年，徐悲鸿去世后，江丰出任中央美术学院代院长兼党总支书记，并于1954年1月在《美术》杂志创刊号上发表了《四年来美术工作的状况和全国美协今后的任务》和《对于发展和提高木刻创作的意

---

① 潘天寿：《谁说“中国画必然被淘汰”》，转引自《二十世纪中国美术文选》，上海书画出版社1999年版，第116页。

见》两篇文章。除大量发表美术教育和美术理论文章外,江丰大力推动版画教育进入正规美术院校,1954年9月,中央美术学院和华东分院(原杭州国立艺专,后来的浙江美术学院、中国美术学院)分别设立版画系,这是版画正式进入美术学院的开始。

1956年4月,文化部召开批判江丰排斥民族传统盲目崇拜西洋的会议。第二年,在主持筹建中央美术学院美术史系短短几个月后,江丰被撤销中央美术学院院长、党组书记等职务。后又于1961年5月被调至中国美术馆,参与中国美术馆的筹建工作。在艰难中,江丰不仅积极为中国美术馆征集藏品,也勤于著述,完成了《西洋名画欣赏》的书稿,且进行着《印象派画史》一书的写作。

1979年8月,江丰恢复了中央美术学院院长的职务,并积极支持"星星画展"等新生美术活动,这一年,江丰还参加了第四次全国文代会,并当选为中国美术家协会主席。复出后的江丰与老友胡风恢复了联系,并时有来往。

1981年1月4日……文怀沙、江丰来。

1981年2月6日……江丰及一青年来,我只能说几句表态话。

1981年12月12日……握手问候的有江丰、李伯钊、葛一虹、周而复、刘开渠、严文井、白杨、艾青、阳翰笙、张瑞芳、欧阳山等。

1982年7月15日……旁边22楼住有周海婴、丁玲、江丰等。晚上，由晓山陪同去22楼看望江丰和海婴。

1982年9月，复出仅仅3年的江丰在中国美术家协会召集的学习贯彻党的“十二大”文件精神座谈会上发言时，突发心脏病逝世，时年72岁。他去世后，老友胡风撰写了《悼念江丰同志》一文，在文中表达了对江丰的哀思。

> 过去，我看江丰同志是一个诚实的共产党人和美术家，尊敬他；现在，我把他的逝世看作是美术运动、美术教育上的一个重大损失，悼念他。
>
> 在与世隔绝的生活中，我曾吟成了一些怀人的组曲。现在抄出的一篇就是怀念江丰同志的一些言行而吟成的。是我从他得到的印象，不一定能如实地反映他的斗争经历和道德情操。当时是怀念，现在抄了出来，是借以补充表达我的悼念心情。[①]

① 胡风：《悼念江丰同志》，《江丰美术论集》，人民美术出版社1983年版，第424页。

李桦：狂飙怒吼我为先

在中国现代版画发展史上，李桦的地位举足轻重，他以自己技法高超而又紧扣时代脉搏的版画创作，成为中国新兴木刻运动和抗战木刻运动当之无愧的先驱者和中流砥柱。在北京鲁迅博物馆胡风文库，存有李桦创作的抗战木刻原拓作品45幅和木刻版画集1册，它们也以无声的姿态，见证了李桦执着顽强而又充满光辉的木刻历程。

李桦，原名李俊英，1907年出生在广州一个破落的瓷器商人家中，少年时代先后就读于私塾、番禺县立高等小学、国文专科学校。在回忆文章里，李桦这样提到自己少年时代的求学经历：

> 我八岁时在本街的私塾启蒙。母亲知道读私塾是没有用的，半年后便送我进番禺县立高等小学，但只有短短的三年。在这三年中，我学到了些语文、算

术、英语、史地、图画、体操等基本课程。我所能接受的就是这点点正式教育了。从这时起,我对图画特别感兴趣,我把能够收集到的一些带图画的书本都藏在自己的抽屉里,偷偷地背着人学画。记得其中有一本是我表姊从香港带回来送给我的一家外国百货公司的商品目录,里面有许多好看的彩色图像,如穿上漂亮时装的人物、钟表、首饰、家具、糕点、玩具等等,它竟成了我童年的宝贝。12岁高小毕业时,同学们纷纷报考中学,而我没有升学的可能,心里十分难受。母亲只考虑让我再上一年职业学校,以便将来在机关里做点文书之类的工作,便送我进国文专修班去读古文。我在那里学习了一年。①

14岁时,为解决家庭的经济负担,李桦进入广东省无线电台下设的无线电学校进行学习,一年后,因成绩优秀,被分配至广州无线电台总台作报务员,虽然解决了生计问题,但李桦内心深处始终涌动着对于美术的渴望。

入学考试我以第二名被录取,于是我这个14岁的孩子便与有些30岁以上的人是同学了。学习的是磁

① 李桦:《忘怀篇》,李抗主编:《滴泉集——李桦的艺术历程(上)》,安徽美术出版社2012年版,第8页。

电学、无线电原理、英语、摩氏符号、收发报练习等课程。这些课程，我学起来毫不费力，竟能在月考、期考及毕业考试中全都得了全校第一名，赢得了“FIRST BOY”(优等生)的称号，因此毕业后被留在总台服务。我有了职业，能赚钱，又不离开家庭，母亲的高兴是可想而知的。然而，这对于我却不是幸福，不能升学，又不能学美术，使我陷于极大的苦恼之中。①

最终，在1923年广州市立美术学校成立之后，李桦终于按捺不住，投考了这所学校，并想办法说服了供职的电台和母亲，竭尽全力在学业、职业和家庭之间奔波。

15岁当上了报务员，当我拿到工资交给母亲，看到她高兴时，我的心是感到甜蜜的。电台的工作是24小时值班制，每班6小时，四个报务员轮流守机。这样，我就可以利用业余时间学点什么，当然最好是学习美术。机会终于来到了，1923年广州市创办了美术学校，开始考生。可是我能去投考吗？全日制的学校收有职业的学生吗？我要赚钱维持家庭生活，母亲能让我去学习四年吗？然而求学心切，我竟不考虑这一

① 李桦：《忘怀篇》，李抗主编：《滴泉集——李桦的艺术历程(上)》，安徽美术出版社2012年版，第8页。

切，背着母亲去报名，果然被录取了。

首先我向电台说明真相，获得业余学习的许可，然后去说服母亲，但始终不敢对学校说实话，一怕学校开除，二防同学嘲笑。这样我便长期背起了一个精神包袱。我每天在电台值班六小时，尤其值夜班后，再去上课，真足够累的了，但我决心苦读下去。

那时正是政治动荡，战事频繁的年头，常常一夜之间枪声四起。为了上班，必须冒险通过沿街的路障。我家住在城北越秀山麓，电台则在城南珠江东头的堤岸上，相距约有一小时的路程，经常是提心吊胆地往返跋涉。到了电台，繁重的工作压在身上，收发“十万火急”的电报直到天明。天亮后得不到休息，又要赶回学校上课，而且要掩饰着一夜工作的疲劳，装出和同学们一样的样子。于是，我在课室中不与同学们谈话，常选一个不大显眼的地方摆下画架，便埋头画起素描来。就这样，一个青年几乎变成了世故老人。①

1924年，因为学业优秀，李桦被广州市立美术学校选中，克服种种困难参加了广东省组织的“赴日文化考察团”，这次为时

① 李桦：《忘怀篇》，李抗主编：《滴泉集——李桦的艺术历程（上）》，安徽美术出版社2012年版，第9页。

两个月的考察开拓了李桦的眼界心胸，也让他深刻感受到了世界美术的发展趋势和潮流，为日后的版画事业埋下了深远的伏笔。也就在这一时期，轰轰烈烈的大革命运动也在广州酝酿发展，由此而来的进步思潮也深深影响了在校就读的李桦。

> 当我进了美术学校之后，读书更多，眼界也更扩大了。1924年，在孙中山主持下召开的国民党第一次代表大会，制定了“联俄、联共、扶助农工”的三大政策，于是广州便成为“革命策源地”。国共第一次合作，国民革命军准备北伐，广州的革命空气是异常活跃的。那时，广州出版了许多进步刊物，传播革命思想，甚至公开宣传共产主义。我既受了五四思想的熏陶，被这种革命新思潮吸引，是很自然的了。在学校里，我和同学们一起，手挥小旗，高举标语，大唱“打倒列强、除军阀”的国民革命歌，参加到各种示威游行和群众集会的行列中去。[①]

但当李桦于1927年夏天从美术学校毕业的时候，广州的政治形势已经风云突变。在腥风血雨的大环境下，李桦自己的进步美术抱负也一时难于施展，只能蛰伏在电台继续报务员的工

---

① 李桦：《我与木刻艺术》，李抗主编：《滴泉集——李桦的艺术历程（上）》，安徽美术出版社2012年版，第15页。

作。好在在校时便相知相恋的女友梁益坚的鼓励与支持，给了李桦不少慰藉，两人相约存够路费便一同赴日本留学。1930年，二人正式结婚，李桦进入私立川端美术学校，梁益坚则进入东京女子美术大学。[①]然而好景不长，一年后，日本侵略者发动九一八事变，进而侵占了东北地区，李桦夫妇愤而弃学归国，回到广州。归国后的李桦重操旧业，先后在广东省无线电台和上海海岸电台工作，直到1932年一·二八淞沪抗战开始，他才和前线上撤下来的伤员们一起，乘船从上海回到广州。[②]在广东教了一年中学后，终于返回广州市立美术学校，出任西画科班主任兼素描教师，从此终于走上了美术事业的正轨，也正是从这个时候开始，他开始启用那个日后被中国现代美术史所铭记的笔名——李桦。

1934年，李桦的爱人梁益坚因难产去世，只留下了独生女儿纪慈，这件事给了李桦非常大的刺激，在悲痛之余，李桦放下熟悉的油画创作，改习木刻。

> 我懂日文，买了一本日文的版画技法书，自学起来了。这本书详细地叙述各种版画的制作方法，引起我极大的兴趣。我一头扎下去，在半年中摸索着创作

① 张作明:《李桦传》，人民美术出版社1994年版，第16页。

② 同上书，第17页。

出木刻、铜版画、石版画、独幅版画达几百幅。[①]

当李桦的版画创作已经有了一定水平的时候，1934年6月，他便在广州举办了一次个人的版画展览会，这是广州第一次出现的现代版画展览，引起了当时广州社会，特别是李桦在广州市立美术学校的学生们的强烈兴趣，他们找到李桦，要求学习版画创作。但当时的广州市立美术学校被国民党当局派来的训导主任控制，无法在课堂上公开讲授木刻技法。李桦便把这些有志于木刻的进步美术青年组织起来，在课外授以木刻技艺，这便是在广州市立美术学校成立的“现代创作版画研究会”（简称“现代版画会”），最初有会员27人，其中的赖少其、唐英伟、刘仑、吕蒙、潘业、胡其藻、陈仲纲等人日后均成长为著名的现代版画家。自1932年国民党反动当局在上海开始对进步文化运动采取查封镇压的白色恐怖政策后，新兴木刻运动在上海地区不得不转入地下活动的状态。而当时的广东军阀陈济棠正与蒋介石发生摩擦，使得南京反动当局的影响力一时还无法到达广州，这就给了广州的进步文化运动宝贵的发展时机和空间。“现代版画会”就在这样的历史条件下得以发展壮大。在从成立到1937年因七七事变被迫中止活动的三年时间中，“现代版画会”不仅举办了月展和“第一回半年展”“第二回半年展”，还担任了1936年“第二回全国木刻流动展览

① 李桦：《忘怀篇》，李抗主编：《滴泉集——李桦的艺术历程（上）》，安徽美术出版社2012年版，第11—12页。

会”的组织工作，在广州、杭州、上海等地进行巡展，在社会上引起很大反响。此外，“现代版画会”除了出版李桦的《春郊小景集》《李桦版画集》、赖少其的《自祭曲》、胡其藻的连环木刻《一个平凡的故事》等个人木刻集手印本之外，还从1934年12月开始出版会刊《现代版画》。到《现代版画》出版到第4集时，“现代版画会”与日本“白与黑”社的主持者、版画家料治朝鸣取得了联系，交换作品在彼此的刊物上发表，之后，“现代版画会”还为“白与黑”社刻制了《南中国乡土玩具集》和《北中国乡土玩具集》，直到1936年4月《现代版画》第17集出了“反帝专号”以后，日本版画家才与“现代版画会”断绝了关系。另外，为配合“第二回全国木刻流动展览会”的宣传，“现代版画会”出版了机印刊物《木刻界》，还在农村教育宣传方面成绩显著，他们先后在广东的番禺、蓼涌、高要、龙川、惠州、开平、淡水、台山等地的民众教育馆举办了农村木刻展览会，宣传抗日救亡，为农民讲解图画，并传授民众教育馆的职员木刻技法，赢得了当地群众的好评和支持。在“现代版画会”的各种活动有声有色地开展起来的时候，李桦自己却因为组织进步木刻活动，遭到广州市立美术学校的解聘。

李桦在进行木刻创作和领导广州木刻运动的同时，也和鲁迅开始了通信往来，1934年12月中旬，李桦致信鲁迅，报告现代版画会在广东地区的活动情况，之后鲁迅给李桦写了回信，在信中对李桦在木刻方面的工作成绩给予了很高评价。

今天得到来信并画集三本，寄给我这许多作品，真是非常感谢。看展览会目录,才晓得广州曾有这样的画展,但我们却并未知道。论理,以中国之大,是该有一种(至少)正正堂堂的美术杂志,一面绍介外国作品,一面,绍介国内艺术的发展的,但我们没有,以美术为名的期刊,大抵所载的都是低级趣味之物,这真是无从说起。

铜刻和石刻,工具极关紧要,在中国不能得,成果不能如意,是无足怪的。社会上一般,还不知道Etching和Lithograhpy之名,至于Monotype,则恐怕先前未曾有人提起过。但先生的木刻的成绩,我以为极好,最好的要推《春郊小景》,足够与日本现代有名的木科家争先;《即景》是用德国风的试验,也有佳作,如《蝗灾》,《失业者》,《手工业者》;《木刻集》中好几幅又是新路的探险,我觉得《父子》,《北国风景》,《休息的工人》,《小鸟的运命》,都是很好的。不知道可否由我寄几幅到杂志社去,要他们登载?自然,一经复制,好处是失掉不少的,不过总比没有好;而且我相信自己决不至于绍介到油滑无聊的刊物去。①

在给李桦回复第一封信的当天,鲁迅也给金肇野写了信,对李桦的木刻艺术水平很是欣赏。

---

① 鲁迅:《致李桦》,《鲁迅论美术》,人民美术出版社1982年版,第302页。

擅长木刻的，广东较多，我以为最好的是李桦和罗清桢；张慧颇倾向唯美，我防其会入颓废一流。刘岘（他好象是河南人）近来粗制滥造，没有进步；新波作则不多见。至于全展会要我代询他们，我实无从问起，因为这里弄木刻的人，没有连络，要找的时候是找不到的。[①]

此后，鲁迅又与李桦多次通信，在美术思想和版画理论方面对李桦加以悉心指导，在1935年6月16日写给李桦的信中，鲁迅这样点拨李桦：

木刻是一种作某用的工具，是不错的，但万不要忘记它是艺术。它之所以是工具，就因为它是艺术的缘故。斧是木匠的工具，但也要它锋利，如果不锋利，则斧形虽存，即非工具，但有人仍称之为斧，看作工具，那是因为他自己并非木匠，不知作工之故。五六年前，在文学上曾有此类争论，现在却移到木刻上去了。

由上说推开来，我以为木刻是要手印本的。木刻的美，半在纸质和印法，这是一种，是母胎；由此制成

① 鲁迅：《致金肇野》，《鲁迅论美术》，人民美术出版社1982年版，第311页。

锌版，或者简直直接镀铜，用于多数印刷，这又是一种，是苗裔。但后者的艺术价值，总和前者不同。所以无论那里，油画的名作，虽有缩印的铜板，原画却仍是美术馆里的宝贝。自然，中国也许有再也没有手印的余裕的时候，不过这还不是目前，待那时再说。

不过就是锌板，也与印刷术有关，我看中国的制版术和印刷术，时常把原画变相到可悲的状态，时常使我连看也不敢看了。

“连环木刻”也并不一定能负普及的使命，现在所出的几种，大众是看不懂的。现在的木刻运动，因为观者有许多层——有智识者，有文盲——也须分许多种，首先决定这回的对象，是那一种人，然后来动手，这才有效。这与一幅或多幅无关。

《现代木刻》的缺点，我以为选得欠精。但这或者和出得太多有关系。还有，是题材的范围太狭。譬如静物，现在有些作家也反对的，但其实是那“物”就大可以变革。枪刀锄斧，都可以作静物刻，草根树皮，也可以作静物刻，则神采就和古之静物，大不相同了。

其次，是关于外国木刻的事。这时候已经过去了，但即使来得及，也还是不行。因为我的住所不安定，书籍绘画，都放在别处，不能要取就取的。但存着可惜，我正在计画象《引玉集》似的翻印一下。前两月，曾将K.Kollwitz的板画(铜和石)二十余幅，寄到北平去复印,但将来的结果,不知如何。

我爱版画,但自己不是行家,所以对于理论,没有全盘的话好说。至于零星的意见,则大略如上。中国自然最需要刻人物或故事,但我看木刻成绩,这一门却最坏,这就因为蔑视技术,缺少基础工夫之故,这样下去,木刻的发展倒要受害的。[①]

在鲁迅的指导和影响下,李桦的木刻版画创作也进入了一个高产期,除了一开始创作的《春郊小景》和《1934年即景》之外,李桦还创作了短篇木刻连环画《没有童年的孩子》《来归》《父子间》《水葬》《丝》《赵二嫂》、单幅木刻作品《丰收也是一样的穷》《老渔夫》《一二·九的抗议》《义勇军》《怒吼吧,中国》以及长篇木刻连环画《黎明》等。直到今天,在北京鲁迅博物馆胡风文库,还藏有《怒吼吧,中国》的木刻原拓和《黎明》的印刷小册子,从这些构图简洁的木刻画作上,观众仍可以感受到80多年前李桦创作这些木刻作品时,心中所蕴藏的刚猛之力和爱国激情。

胡风文库所藏的《怒吼吧,中国》木刻原拓,长不过21.6厘米,宽不过15.1厘米,却刀法老辣、线条刚劲凝练,充满了喷薄欲出的力量和激情。画面上,一个赤裸的男子被蒙眼用绳索绑缚在木桩

① 鲁迅:《致李桦》,《鲁迅论美术》,人民美术出版社1982年版,第307—308页。

之上，张开嘴好像在呐喊着什么，且他的全身肌肉凸起，极为紧张，蕴涵着无限的能量，似乎马上就要撑断绳索站立起来。在男子的右手边，有一把锋利的匕首，男子的右手张开，马上就要接触到这把匕首。这幅抗战版画，以其刚强有力的艺术形象，和骨气内含、高度概括的艺术手法，一举成为中国现代版画史上的经典之作，亦成为中国抗战版画的不朽象征，屹立80余年而岿然不倒。1935年，李桦与鲁迅进行了多次通信联系，在艺术思想和创作手法上深受启迪，且有感于当时日本军国主义对中国的步步紧逼，便创作了这幅《怒吼吧，中国》，此版画首先发表在《现代版画》第14期，一经发表便被当时的多家报刊所转载，也频频出现在抗战传单上，一二·九运动中，青年学生曾大量复制过这幅版画，用作示威游行队伍中的宣传画。版画理论家李允经曾说：这幅作品在美术界的影响力，就相当于音乐界的《义勇军进行曲》。这幅很小的版画，已经成为中国抗战史上的一个经典符号。胡风对这幅作品亦非常看重，他先后在自己主编的《七月》周刊第一期的醒目位置和《七月》半月刊第五期封面上刊登了这帧木刻。1938年1月，在日军已经兵临城下，武汉保

怒吼吧，中国

卫战即将打响的情况下，由胡风一手策划操办的“全国抗敌木刻画展览会”在武昌民众教育馆缓缓拉开帷幕，共有300余幅抗战版画作品参加了这次展览，其中就有这幅《怒吼吧，中国》。展览结束后，《新华日报》在1938年的创刊号上对此次展览进行了专题评论，对《怒吼吧，中国》更是给予了高度评价。

另一藏品长篇木刻连环画《黎明》的印刷小册子虽非原拓木刻作品，但也有很高的艺术价值和文献价值，从中可以一睹李桦纯熟精湛的木刻技艺和慷慨激昂的爱国之心。《黎明》描绘了1932年一·二八淞沪抗战期间，被日本侵略者害得家破人亡的阿毛、王才、胡大哥等上海难民背负着国仇家恨，逐渐觉醒并参加义勇军，最终光荣牺牲在抗日战场上的英雄事迹。整部作品的构图刀法酣畅淋漓、节奏紧张有力。在《黎明》的后记中，李桦讲述了创作这部木刻连环画的缘由和经过。

黎明

> “一二八”周年纪念的前后，我南旋，在上海动身

时,有三个退伍的十九路军士兵同轮赴厦。路过吴淞口,我们太息地凭吊废墟似的炮台故址。我们更不期地包围着这三位勇士,谛听当年伟大的战史。

其中一个说:“丢那妈,如果他们没有租界做掩护,那天晚上早就把那班契弟杀得干净了!”

“可不是吗?他们恃的是飞机,大炮。但一提起打日本仔,我们是什么都不怕的,我们的弟兄带了花,还不肯退下来,要多杀几个!”一个插嘴说。

“你看,铁甲车有什用处,我们就让自己和车一齐粉碎!日本仔最怕我们肉搏,倒是真的。有一队义勇军,他们也杀得那些倭贼七零八落,你看,没训练的他们还这样勇敢,何况我们呢?”又一个挺起胸脯说下去。

他们追述守壕时的沉着,杀敌时的兴奋,怎样避飞机,怎样扔手溜弹,敌人败退时的狼狈,乞命时的无耻与懦怯,东洋兵对待同胞的残忍暴行,说得我们一时兴奋,一时痛恨。他们说到长官们怎样勇敢,壕沟里给爆弹炸裂了或是活埋了的弟兄,和与炮台同化灰烬的台兵们的命运怎样可怜,他们太息了。述及同胞们的慰劳及战壕中唱戏听留声机等愉快生活,他们还是手舞足蹈。对那些在沙场上为民族效命的勇士,我深深的致无上的敬礼,我每个神经的末梢都爆裂似的兴奋,我就立意要作成一部纪念的东西。

此后,在一年中,我搜集了所有与淞沪抗战有关的文献及图片，但所获殊为贫乏。便选择了翁照垣将军自述的《淞沪血战回忆录》里所描写的庙行镇之战作背景，织入耳闻目睹的情况，组成一个以义勇军为主干的故事。这个故事，在动刀的时候，实在感到无从着手。第一因为这回抗战太伟大了，以我的力量去表现，实有所不逮，第二因为我还没参加到这回抗战里面去，创作时便感空虚。工作开始后不久，我曾搁下了整个月，然终为热情所驱使，经过半年的岁月，《黎明》八十八图遂完成了。[1]

而胡风在日记中，也记录了这本《黎明》木刻连环画的来历，它是由同为抗战木刻家的陈烟桥代赠给胡风的。而这本木刻连环画册的扉页上，也题有陈烟桥亲笔写下的赠言：

胡风先生 烟桥代赠

1937年，李桦领导的“现代版画会”接受全国木刻界的委托，负责筹备“第三回全国木刻流动展览会”，但就在筹备工作紧张进行，已经征集到200余幅木刻作品的时候，七七事变爆发，这次展览会被迫取消，李桦托路过广州的郑野夫将已经征集到的木刻作品带到上海，转交给江丰，后来，这些木刻作品又

① 李桦：《后记》，《黎明》，现代版画会1937年版，第77—79页。

由江丰携带至武汉，与胡风的“七月社”合作，于1938年1月在武昌民众教育馆举办了“抗敌木刻画展览会”。[①]展览取得巨大成功，极大地鼓舞了民众的抗战意志和爱国热情。闭展后，这些木刻作品被胡风与梅志携回家中，伴随他们走过漫长岁月和无数艰难险阻留存至今——这便是北京鲁迅博物馆胡风文库大部分抗战木刻收藏的由来。

1937年8月，李桦的家乡广州遭到日军飞机的轰炸，“现代版画会”不得不完全停止活动。11月，李桦把刚刚三岁的独生女儿纪慈托付给岳母照看，自己投笔从戎，参加了抗日军队，担任负责编译缴获日军文件和印刷作战地图的编译股股长。[②]跟随着军队，李桦转战于广东、广西、江西、安徽、河南、湖北和湖南的广大地区，参加了河南兰封战役、徐州会战以及武汉保卫战，在紧张的战地生活中，李桦抓紧一切时间，创作了大量的生活速写、战地写生、水墨画和木刻作品。1938年6月12日，中华全国木刻界抗敌协会在武汉成立，李桦是发起人和组织者之一，虽没能亲自到会，但被选为协会理事。[③]1939年，李桦又参加了“第一次长沙会战”，其后赴茶陵养病，期间为骆何民主编的《开明日报》撰稿，其后又与该报的美术编辑、木刻家温涛合

---

① 张作明:《李桦传》，人民美术出版社1994年版，第41页。

② 同上书，第51页。

③ 同上书，第53页。

刻了木刻《抗战门神》，随报赠送。[①]还出版了著作《木刻教程》。1940年，李桦又在湖南长沙组织了中华全国木刻界抗敌协会湖南分会，并举办了木刻函授班和木刻讲座，出版了《学员习作初集》《抗战木刻选集》等木刻作品集，并创作了《辱与仇》《雪地行军》等木刻作品，还与木刻家陆田在湖南衡阳《开明日报》合编了《抗战木刻》和《诗与木刻》等不定期副刊，且主办了"'七七'纪念木刻流动展览会"。在这一年的胡风日记中，又出现了李桦的踪迹：

> 1940年6月22日　……得李桦、野夫信。夜，写文章不成。
>
> 1940年8月7日　复李桦、野夫。

1941年，中华全国木刻界抗敌协会被国民党当局以莫须有的罪名解散了，同时这一年也是中国新兴木刻运动十周年，在这种时代背景下，李桦参加撰写了全国木刻界同仁共同执笔的总结性长篇论文《十年来中国木刻运动的总检讨》，并发表了《试论木刻的民族形式》一文，对中国新兴木刻的发展走向进行了梳理和概括。1942年1月，由王琦、丁正献、刘铁华等人发起组织的"中国木刻研究会"（简称"木研会"），在重庆成立，李桦

① 张作明：《李桦传》，人民美术出版社1994年版，第54—55页。

被委任为理事，并参加了同一时期中国木刻工作者致函苏联版画家的集体署名。10月，"第一届双十全国木刻展览会"在重庆展出，李桦的木刻作品受到徐悲鸿的撰文称赞。1943年，他又出版了《烽烟集》和《美术新论》，还在桂林举办了"李桦水墨画展览"。在之后的两年里，"木研会"举办了中华木刻函授班，李桦出任桂林区指导，积极培养木刻事业的后备人才，并投入时间精力整理抗战时期国统区的木刻运动史料，且在广东砰石举行了"李桦版画水墨画展"。

抗战胜利后，李桦先转道南昌，在当地举办了"李桦版画水墨画展"，其后又回到上海，参加了上海美术作家协会和"中华全国木刻协会"，并和王琦、野夫、陈烟桥、杨可扬等人一起当选为"中华全国木刻协会"常务委员，主持会务工作，参与筹备"抗战八年木刻展览会"和编辑《抗战八年木刻选集》，这一时期也是李桦在木刻创作方面的又一个高潮期，在此期间，他创作了《粮丁去后》《饥饿线上》和组画《怒潮》等木刻作品，主题鲜明，构图刚劲，对国民党当局的黑暗统治和人民大众的激烈反抗进行了精湛的刻画，在艺术上既有对珂勒惠支版画风格传统的致敬，又融合了多年以来对木刻独有民族形式的探索和思考。1946年9月17日，李桦和王琦、野夫、陈烟桥、杨可扬、王麦秆、陈珂田等木刻工作者一起前往万国公墓拜谒了鲁迅墓，次日，"抗战八年木刻展览会"便在上海大新公司画廊隆重开幕，这是抗战胜利后最盛大的一次国共两区木刻家作品会师的展览会，反映了抗战期间军民的生活、劳动和战斗情景，歌颂了抗战的伟大胜利并展示了中国木刻界在抗战期间所发挥的突出作用和取得的巨大成就，引起了中外人士的热烈反响。[①]展览结束后，《抗战八年木刻选集》由叶圣陶作序、开明书店出版，在国内外发行，亦产生了很大的社会影响力。10月，李桦和王琦、陈烟桥等进步木刻家在上海马斯南路中共代表团办事处受到周恩来的接见，聆听了周恩来对国际国内形势的分析和对新兴木刻运动的期盼，深受感动和启发。这一时期，李桦与胡风终于得以见面，这在胡风日记中也留下了记录。

> 1946年6月12日　……夜，看李桦作品，并参加谈话。
>
> 1946年9月5日　……俞鸿模来，李桦来。

此外，在这一时期，胡风在编辑第2集第3期《希望》杂志的时候，对李桦的木刻作品也给出了自己的评论：

> 李桦，在中国进步美术运动中初以木刻知名。他似乎是最初的木刻运动的创作者之一，但由于坚实的技术基础和辛勤的努力，他得到了受同辈作家尊重的地位。他底作品底意识主题，是通过生活底实感和线

① 张作明：《李桦传》，人民美术出版社1994年版，第75页。

> 条底力度来达到的，这对于当时只仅仅有浮在纸面的意识概念的木刻创作是一个特殊的存在……
>
> 抗日战争发生后，他一直参加军队工作，主要的是在湖南江西一带。由于经常流动和工具使用底限制，他渐渐由木刻转到了钢笔画、墨笔画、竹笔画。写兵士，写人民，也写战灾下的自然和被破坏的与再建的农村和市镇。然而，由于他所在的地区底影响罢，他底人物还不能现出积极一面的性格，由于工具底限制罢，他底作品还不能达到一种综合性的深度。《野火》为墨笔素描，原大12吋×10吋。另一幅竹笔画《休息中的湘北农民》，将在下一期刊出。①

1947年8月，就在李桦为木刻事业忙碌奔走的时候，同为木刻家的友人陈烟桥在赴《文萃》杂志社领取稿费时突遭国民党特务逮捕，此时李桦因长期参加进步木刻运动，在上海的处境亦非常危险。为了暂避国民党反动当局的搜捕，李桦接受了时任国立北平艺术专科学校校长的徐悲鸿发来的聘书，北上前往北平艺专任教。

到了北平艺专后，因为北平艺专并没有版画专业，李桦暂时担任了西洋美术史的课程，但他仍然在课余坚持美术创作，

---

① 胡风（署名高荒）：《关于李桦》，《希望》第2集第3期（1946年7月出版），第1页。

完成了水墨组画《天桥人物》和《窑工汗血》。此外，李桦也并没有放下手中的木刻艺术，他结合在上海时的工作经验，把木刻教育和学生运动相结合，自愿指导清华大学的木刻团体“阳光社”以及北平艺专和北大、中法大学、燕京大学、北大四院等高等院校的木刻团体。1948年3月，由清华、北大、燕京、中法四所大学联合举办了“全国木刻展览会”，在北平的高等院校间流动展出，参展木刻作品约200幅，是李桦带来北平交给清华大学“阳光社”的，在北平的大中学生间产生了强烈而广泛的影响。[①]同时，李桦还协助北平艺专的中共地下党组织，以木刻的形式刻制宣传口号和传单，为北平的和平解放作出了自己的贡献。

1949年1月31日，北平宣告和平解放，同年7月，李桦出席了第一次全国文代会，此后又在中华全国美术工作者大会上当选为全国文联委员、美协常务理事兼《人民美术》执行编辑。1950年4月，国立北平艺专与华北大学三部美术系合并，成立了中央美术学院，李桦出任该校教授，又于1953年加入了中国共产党。1954年，中央美术学院版画系成立，李桦担任系主任，直至1983年主动辞任，自此为新中国的版画事业培养了大批后起之秀，同时亦不废木刻创作，有《夏日》《捕鱼》《鲁迅在木刻讲习班》《雷锋像》《山乡巨变》插图等佳作问世，且担任《版画》杂

① 张作明：《李桦传》，人民美术出版社1994年版，第86页。

志的常务编委。“文革”结束后，李桦不畏年迈体衰，继续为版画事业的推广劳碌奔忙，参与了《中国版画年鉴》《中国新兴版画运动五十年》等重要版画文献的编辑，还出版了《李桦》画集、《李桦藏书票》等美术作品集。1994年5月，为中国的现代版画事业操劳了整整一生的李桦在北京逝世，享年87岁。

野夫:铁马金声入木来

在北京鲁迅博物馆胡风文库收藏的诸多抗战木刻作品中,由著名版画家、社会活动家野夫所创作的21幅抗战木刻版画(20幅原作和1幅印刷品)可以说是相当醒目的存在。这些木刻作品线条酣畅,擅于在窄小的篇幅中呈现具有代表性的特定画面,表现出宏大的事件场面感和历史叙事性。这种磅礴大气的创作风格,在抗战木刻作品中非常罕见,也正与作者野夫慷慨激昂的艺术人生息息相关。

野夫,原名郑毓英,又名郑邵虔,1909年出生在浙江省乐清县岭村的一个中医家庭里,父亲郑绶卿行医济世,开有药铺"二康堂",姐夫倪悟真亦为当地著名学者,藏书颇丰。少年时代的野夫先后在乐清县立第一高等小学、乐清县万家求益小学等学校就读,于1926年从乐清县立第三高等小学毕业,之后又寄住乐清县西湖横乡西龙寺潜心攻读。1928年,野夫进入上海中华艺术大学求学,在绘画科西洋画系学习西画,开始接触进步文艺思想,由此走上了革命艺术之路。

1929年,野夫开始木刻创作,这一年,鲁迅和柔石、崔真吾、王方仁等人组织了“朝花社”,出版了木刻画册《艺苑朝华》五册,给正在学习木刻的野夫带来很大影响。1930年春,野夫两度在中华艺术大学聆听鲁迅对青年艺术工作者所作的演讲,被鲁迅在演讲中所体现出的现实主义精神深深打动。5月,中华艺术大学遭到反动当局查封,野夫先后进入新华艺专和上海美专继续学习。两个月后,野夫又参加了由叶沉、王一榴、张谔、许幸之发起成立的中国左翼美术家联盟,并成为主要成员。1931年春,被杭州国立艺专开除的张眺、于海、陈卓坤、陈耀唐等与上海的周熙(江丰)等人联合,成立上海一八艺术研究所,野夫也多次参加了这个社团的活动。8月,鲁迅在上海举办了木刻讲习会,邀请内山嘉吉为木刻青年们讲授木刻技法,野夫参与了这次木刻讲习会的学习,但由于各种原因没能坚持到讲习会正式结束。之后不久,野夫又和张明曹等人发动进步学生参加中国青年美术联盟,并开始以“野夫”“EF”为笔名,进行艺术创作。

1932年1月,野夫从上海美专毕业,4个月后的5月26日,他与江丰、李岫石、黄山定、倪焕之等人发起成立春地美术研究所,这是上海一八艺术研究所解散后出现的第一个木刻团体,并得到了鲁迅的捐款支持。6月25日,春地美术研究所在上海八仙桥青年会举办“美术展览会”，展出木刻、油画、国画等多种类型美术作品，鲁迅不仅为这次展览会提供了自己收藏的珂勒惠支版画，还亲自前往参观，并购买了一些木刻作品。两个月后，野夫又与顾鸿干、陈卓坤等人发起成立野风画会，特请蔡元培题写会名。这个画会同样得到了鲁迅的大力提携：除了捐赠经费，鲁迅还在1932年的10月26日和12月21日两次受邀前往野风画会作了《美术上的大众化与旧形式利用问题》等演讲，以实际行动表达了对画会成员的关心支持。1932年11月，野夫和野风画会的同仁一起，联合北京、上海、杭州、苏州等地美术学校的进步学生，在上海新世界举办了“为援助东北义勇军联合画展”，将出售作品的款项全部捐献给在东北沦陷区抗日的东北义勇军。除了野风画会的活动外，野夫还参加了MK木刻研究会和野穗社等木刻团体的活动，还创作了《仇视》《号召》《国民党反动派的血腥罪行》《“巴黎公社”之回顾》等木刻作品，在新兴木刻运动中很是活跃。

1933年，野风画会被迫停止活动，野夫与陈烟桥、顾鸿干等人随后成立了南方画会，并参与大地画会的相关活动。5月，野穗社出版《木版画》第一辑手印画集，野夫的木刻作品《黎明》被收入其中。7月3日，北平木刻研究会在北平艺文中学举办第二次作品展览，野夫的作品《待雇》亦参加了此次展览。9月，鲁迅在上海良友图书印刷公司出版了比利时版画家麦绥莱勒的四种木刻连环画，给野夫带来很大冲击。一个月后，鲁迅与内山完造参观了MK木刻研究会的第四次展览，对野夫的参展木刻作品《黎明》很感兴趣，并现场购买了这幅木刻作品。此后，这幅作品还被收入白危编译的《木刻创作法》作为创作案例，鲁迅亦为此书作序，在序言中这样写道：

> 但是至今没有一本讲说木刻的书，这才是第一本。虽然稍简略，却已经给了读者一个大意。由此发展下去，路是广大得很。题材会丰富起来的，技艺也会精炼起来的，采取新法，加以中国旧日之所长，还有开出一条新的路径来的希望。那时作者各将自己的本领和心得，贡献出来，中国的木刻界就会发生光焰。这书虽然因此要成为不过一粒星星之火，但也够有历史上的意义了。①

1933年12月，野夫完成木刻连环画《水灾》，并将其寄给鲁迅请求指点，鲁迅写信回复道：

> 野夫先生：
>
> 木刻作品，我想选取五十种，明年付印是真的，无论如何，此事一定要做。
>
> 《水灾》能否出版，此刻不容易推测，大约怕未必有

---

① 鲁迅：《〈木刻创作法〉序》，《鲁迅全集》第4卷，人民文学出版社2005年版，第626页。

书店敢收受罢。但如已刻成，不妨去试问一下。

此颂

时绥。[①]

在信中，鲁迅绕开了有关《水灾》的艺术水平评价问题，只是委婉地告知野夫这部木刻连环画不容易出版，并表达了自己想多多引进国外优秀版画的愿望。这从一个侧面说明，以野夫为代表的新兴木刻艺术家此时的木刻创作还处于摸索和学习的阶段，尚有许多可以改善提高的地方，所以也使得鲁迅加快了引进国外优秀木刻作品的工作进度。

1934年3月，通过鲁迅和宋庆龄的推介，野夫的木刻作品《1933年5月1日》《黎明》《建筑之第一声》《回家》以及石版画《母与子》在法国皮尔·沃姆斯画廊举办的"革命的中国之新艺术展览"展出，之后该展览又赴德国、苏联等地展出，提高了国际知名度。同年夏天，中国左翼美术联盟转入地下活动，成立暑假绘画研究会，野夫、沃渣、马达、顾鸿干、陈学书、陈卓坤等人参加了这个画会。这一年，野夫创作了《斗争开始了》、《高尔基与儿童谈论集团著作的方法》、《沈阳城上之轰击》(又名《"九一八"的回忆》)、《南京路上》等木刻作品。

① 鲁迅：《331220致郑野夫》，《鲁迅全集》第12卷，人民文学出版社2005年版，第524—525页。

沈阳城上之轰击

胡风文库所藏的《沈阳城上之轰击》原作，长15.7厘米，宽13.4厘米，画面并没有采用抗敌将士一方的视角切入，而是从日本侵略者所站的沈阳城墙上向下方的沈阳城区俯瞰。画面左上角的日本关东军指挥官耀武扬威地站在沈阳城墙上，举着日本军刀指挥日军对沈阳城发动攻击，在他的身后，是古旧的城楼和两个正准备投掷手榴弹的日本兵。画面的正前方，是架在沈阳城墙上的两门重炮和两组正在开炮的日本炮兵。画面的远景，是正在遭受炮击的沈阳城，炮弹爆炸所带来的硝烟和冲击波笼罩在密密麻麻的房舍上方，让观众不禁对这座曾经繁华的城市的前景和未来感到担心。日本侵略者的不可一世和沈阳城在炮击之下的岌岌可危，极易引发观众的共鸣，进而痛心于国土的沦丧和同胞的苦难，对侵略者产生无比的愤恨。这幅版画以小见大，排列布局疏密有致，截取了具有历史意义的特定场景，初步展现了野夫大气自如的构图视角和酣畅淋漓的造型表达，而这也贯穿在野夫后来的木刻创作艺术当中。

1935年元旦，平津木刻研究会主办的"全国木刻联合展览会"在北平太庙举行，展出作品400余幅，野夫创作的《光明在前》等11幅作品参加了展览，这个展览之后在天津、济南、汉口、太原、上海等地巡回展出，取得较大影响，鲁迅亦为这个展览会的专辑作了序言。9月，野夫与沃渣、温涛、曹白和北平来的唐诃、金肇野等人在上海承接组织了"全国木刻联合展览会"的巡展，并获得了鲁迅的资助。一个月后，野夫创作的木刻连环画《水灾》获得出版，另一部木刻连环画《卖盐》也已完成。野夫将《卖盐》寄赠给鲁迅求教，并希望鲁迅为之作序，信中这样写道：

周先生：

近来想多好吧！奉上《卖盐》连环画一部，这是我断断续续刻了一年多才完成的。我很想将它出单行本，或先在杂志上连续发表，希望先生能为我写点序文之类的东西！同时还请给我一个不客气的批评！我希望着，企待着！

专此敬祝

文安！

未明上 十二月十三日[①]

因为鲁迅日常工作繁忙、事务繁多，所以未能立刻给野夫回信，但野夫的木刻事业依旧有条不紊地推进着。1936年1月，野夫又与江丰、沃渣、温涛等人在上海组织了铁马版画会，并出版了《铁马版画》手拓本的创刊号，上面刊登了野夫创作的《凯旋》《走私》《罢课》《荒年》等木刻作品。这一年的2月，鲁迅出版了《凯绥·珂勒惠支版画选集》，供青年版画家们学习参考，并在2月17日腾出手来给野夫回信：

野夫先生：

顷收到来信并《铁马版画》一本，谢谢！《卖盐》也早收到，因为杂事多，一搁下，便忘记奉复了，非常抱歉。近一年多，在做别的琐事，木刻久未留心，连搜集了几十幅木刻，也还未能绍介。不过也时时看见，觉得木刻之在中国，虽然已颇流行，却不见进步，有些作品，其实是不该印出来的，而个人的专集，尤常有充数之作。所以我想，倘有一个团体，大范围的组织起来，严选作品，出一期刊，实为必要而且有益。我希望铁马社能够做这工作。

---

① 野夫：《野夫致鲁迅书》，《野夫纪念文集》，浙江人民美术出版社2017年版，第52页。

二十日起，上海要开苏联版画展览会，其中木刻不少（会址现在还不知道，那时会有广告的），于中国木刻家大有益处，我希望先生和朋友们去看看。

专此布复，即颂

春禧！

迅 上 二月十七日[1]

在信中，鲁迅一如既往地表达了对野夫等青年木刻家的支持，并对铁马社遴选木刻作品出版专业期刊的做法很是欣赏。受此鼓舞，野夫又将第二期的《铁马版画》手拓本寄给了鲁迅。1936年3月16日，野夫代表上海版画家与现代版画研究会和其他版画家协商，将“全国木刻联合展览会”改名为“全国木刻流动展览会”，参与了“第二回全国木刻流动展览会”的筹备工作，且有作品参展。其后，《铁马版画》的第三期机印本出版，封面图案选用了野夫的木刻作品《高尔基与儿童谈论集团著作的方法》，并刊有野夫执笔的编者按：

这里是几句《铁马版画》是如何出生的话：

在第一回“全国木刻联合展览会”前后互相认识了温涛、沃渣、力群、新波等好几位木刻同道的朋友，

---

① 鲁迅：《360217致郑野夫》，《鲁迅全集》第14卷，人民文学出版社2005年版，第29—30页。

继着又碰到了一个离散好几年的朋友江丰，这自然给我不少的快乐和兴奋！从此大家常常在一起玩，谈起木刻；大家都觉得木刻运动之声浪日高，木刻出版物却很缺乏，于是由江丰提议，决定出一种版画期刊。“铁马”这名字的理由和意义，就是：苏联的农村在革命未成功以前，耕地是用马耕的，到了革命成功后改用机器，于是农民们一看见机器来时，就喊着“铁马来了，铁马来了”。这自然是一个很有趣味的故事，我们却深愿这小小的刊物也负起像铁马同样的使命，对目前中国那乌烟瘴气的艺园，尽一部分耕耘的责任！

《铁马》最初的计划本预备每月出一本，并为了要保持原版印拓的真趣，决定用手印，但出两期之后，因手印实在太困难，所以经过了很多的周折才改用机器印刷，同时还因了种种的关系不知不觉的停了很长的时间，这是最抱歉的事！现在这第三期总算于千辛万苦中出现了，这在我们自己是觉得十二分的快乐和安慰，在外却希望各位爱好的朋友给我们不客气的批评和指教！

编者

一九三六年七月二十八日①

---

① 野夫：《〈铁马版画〉编者按》，《野夫纪念文集》，浙江人民美术出版社2017年版，第57页。

这段编者按青春明媚、意气风发，充满了年轻人特有的朝气和自信，对中国木刻事业的未来满怀希望。野夫在文中提到“铁马”的本意是苏联农村在革命胜利后所使用的机械化农具拖拉机，以“铁马”为刊物名称，是为了强调这个木刻刊物的开拓性和创新性，但事实上，这里的“铁马”亦可作双关语理解。在中国古典文化语境中，“铁马”又指披挂铁甲的战马，南宋诗人陆游即有“铁马冰河入梦来”之句，因此“铁马”这个意象是多指向的，也包含着强烈的英雄气质和战斗精神，而这，也与新兴木刻自身的革命属性相吻合。

1936年10月，由野夫等人发起组织的“第二回全国木刻流动展览会”在上海展出，鲁迅抱病前来参观展览，仅10多天后，鲁迅溘然长逝，令新兴木刻诸子万分哀痛，野夫参加了葬礼，并创作木刻《鲁迅精神不死》以示哀悼。11月，野夫又与力群、王天基、白危、江丰、陈烟桥、郭牧、陆田、曹白、黄新波等人成立了上海木刻工作者协会，还在上海《文学杂志》第七卷第六期上发表了成立宣言。几乎同时，由野夫等人组织的“第二回全国木刻流动展览会”赴温州巡展，引起了当地报刊《浙瓯日报》的关注，为此次展览刊发了特刊。

1937年，野夫赴香港，在天一影片公司任置景师，与艾青、沙飞等人交往密切。5月，野夫代表上海木刻工作者协会与广州现代版画会联合筹办“第三回全国木刻流动展览会”，征集木刻作品200余件，一式五份，准备分五路同时展出，其中一份后由野夫携带到上海准备展览，但因淞沪会战打响而未能成展，最终其展品由江丰经武汉带至延安。这一年的夏天,全面抗战爆发,野夫胞弟郑邵勤也因肺病在香港去世,处理完弟弟的后事后,野夫由香港回到家乡浙江乐清,投入到抗日救亡运动中。9月,乐清县战时青年团成立,野夫参与了这个组织,并与王鸣皋一起负责组织话剧宣传队、木刻小组、油画小组,对当地民众进行抗日救亡宣传,还主编了救亡刊物《砥柱》。两个月后,野夫又与王鸣皋、王良俭等人成立了民众剧团,自任团长兼导演,开展救亡话剧演出,并组织当地群众进行游行示威。除此之外,野夫还协助张明曹在温州发起成立黑白木刻研究会,同时继续进行抗战木刻的创作,尽自己全力推进乐清当地的抗日宣传工作。

1938年1月,在胡风的策划下,在武汉集中的木刻家们以“七月社”的名义,在汉口民众教育馆举行“抗敌木刻画展览会”,参展作品300余幅,其中大部分便是野夫交给江丰辗转带到武汉的木刻作品。野夫、李桦、沃渣、汪刃锋、力群、温涛均有作品参展。这个展览在武汉当地引起了轰动,在两天半的展期里,便有6000余人观看了展览。《新华日报》也为这个展览刊发了专版进行报道。其后不久,远在浙江乐清的野夫与王良俭组织成立春野木刻研究会并出任了会长,张明曹、张长弓、林夫、张怀江等木刻家均参加了这个研究会。5月31日,野夫致信胡风,讲述了自己在乐清参加抗日救亡活动的经过(此信现存北京鲁迅博物馆胡风文库)。

胡风先生：

从艾青那个小房间里碰了以后不觉快九个月了。在这九个月当中，什么都变了，而且变得很厉害，汉口一定变得很活跃吧！可是过去最活跃的上海恐怕已变成了地狱！

《七月》依然生长着，慰甚！只是许多地方不容易买到，我除了在杭州看到了一、二两期以外，直到最近才由外埠的一个朋友寄来了(1卷12、2卷1)两册，以后也许可以陆续买得到，以前的可否请你补寄几期给我？要是可能的话！

插画：看这两期里面的两幅木刻，一定很缺乏，这里附上三幅，不一定比他们好，你如果认为还可以的话，随便用用罢了。

我和艾青离开上海的时候，因为都挟着家眷一起走，不能不说是避难。在杭州住了两多月，本不想回家，但终于被飞机轰得没有办法，只得把她们送到乡下。当时本预备就出去，但又被当地的“青年服务团”留住了，画了好几幅壁画，开了好几次“宣传流动画展”，后来还干了一个多月的“流动演剧队”，虽然是外行，但觉得很有兴趣，一共经过了三十多个市镇和村庄，影响也可说相当的大，真有意思极了，也正因为这样，木刻倒少刻了，但总不愿意完全放弃！《七月》或别的杂志如陆续需要画稿的话，请告诉我！

乐清本来是一个死气沉沉什么都落得可怜的小县，但自从抗战发生以来，因敌舰不时在海口盘踞以及敌机普遍的在头顶上掠过(最近也□在温州丢了好几十个炸弹)，同时也因为一批青年的回乡，所以也有了“青年服务团”的出现，虽然力量很有限，但在县的单位上说起来，也的确负起相当的任务了，工作也表现得还可以，到现在为止，也正是从表面的宣传工作而进入组织民众的比较切实的时候，想不到所谓“上面”却下了一个命令：凡战地服务团限四月底一律撤销？你想这不是一个极大的笑话吗？事实上他所谓“战地服务团”是否指一般的救亡团体，以及其他种种矛盾的地方，真使人无法解释，现在正在挣扎中，也许会给他关起门来，这是何等痛心的事情呀！同时也是一个极严重的问题，不知别的地方也有这种现象否？

鹿地池田二位先生在汉口，我在《新华日报》上早就看到消息，真使人高兴！他俩近来身体好吧！有便请先代为问问，我还想写信给他们。

曹白大概还在上海工作着吧，这位先生的精神真使人佩服，力群听说也在汉口弄一个什么木刻研究会，只是报纸上未见到消息，有便告我他的通讯处。艾青兄也请代为致意！麻烦你的地方太多了，如觉得讨厌的话，不办也没有关系，完。

致

民族解放的敬礼!

野夫 五月末日

附上木刻三幅。

通讯处:温州乐清县城新美和郑野夫。

从野夫在信中的叙述可知,胡风与野夫相识的时间,不晚于1937年9月。虽然人在乐清,但野夫一直关注着汉口的抗战文化活动和《七月》杂志的出版情况,并给胡风随信寄去自己的木刻作品,以便胡风编辑《七月》时作为插图选用。接着,野夫又讲述了在乐清开展抗日救亡活动的原因和详细经过,并对地方上国民党当局的愚蠢无能表示了无奈和反感。最后,野夫又在信中问候了鹿地夫妇、曹白、力群、艾青等老友,希望能和他们恢复通信联系。此处不难看出野夫内心深处的孤独寂寞,之前与他有着共同经历的老友几乎都转赴武汉或延安,在浙江敌后地区的木刻事业,几乎完全要靠他自己来主持开拓了。收到此信后,胡风在日记中留下了简短的记述,这也是野夫第一次出现在胡风的日记中:

1938年6月8日 ……得SM、黄既、野夫、胡愈之信。

1938年6月,中共乐清中心支部与乐清战时青年服务团决定统一成立"乐清青年服务团",野夫担任干事,在中共党组织的领导下进行活动，他所导演的话剧《醒狮》也先后在乐清县的各个乡镇上巡回演出。同月，中华木刻界抗敌协会在汉口成立，野夫被推选为理事。两个月后，野夫加入中国共产党，并担任乐清青年服务团城区特支书记。这一年，野夫除了参与各种社会工作之外，还在浙江当地进步报刊上发表了《保卫我们的城池》《拿起我们自己的武器》《到前线去吧！走上民族解放的战场》等抗敌宣传木刻，有着很强的象征意味和符号化特色。

1939年初，国民党当局强令解散乐清县青年服务团，野夫与王鸣皋等骨干成员商议后决定分散成员并争取以“合法”地位继续开展抗日活动。3月，中共乐清城区支部遭到破坏，野夫被逮捕，后经营救出狱，转赴浙江丽水与金逢孙会合，并与万湜思、俞乃大等人商议，决定改组浙江省美术工作者协会。协会改组后，野夫与孙福熙、万湜思、张明曹、俞乃大、金逢孙等人出任第二届理事。6月，野夫与章乃焕、金逢孙等人在永康树范中学宿舍成立了浙江战时木刻研究社，并决定由孙福熙、野夫、金逢孙、张明曹、项荒途等人筹备木刻函授班，并发出了招收学员的通知：

本社为从事抗战宣传及发展木刻运动，以增强抗战宣传力量起见，特创设木刻函授班，聘请木刻专家多人，担任指导，研究期间以四个月为一期，研究方式系采取讲义传授及作品批改、通讯讨论等项，研究课程分主科、副科两部，主科有素描、速写、木刻实习、木刻创作法、

> 木刻史，副科有艺术概论、艺术社会学、美学概论、构图法、艺术解剖学、透视学等。报名日期定七月十五日开始，报名地点及通讯处“丽水帝师坊脚四十五号木刻函授班”，承索简章，请附寄邮票一分。[①]

从这份通知的内容可知，虽然木刻函授班因为战争期间的条件限制，只能采用通信联系的方式进行授课，但教授的内容却严格规范、毫不马虎，不仅有木刻实践所必需的素描、木刻创作法、木刻实习等课程，还有艺术社会学、艺术解剖学、透视学等理论内容。严肃的课程设置和精干的师资力量，无疑为木刻学员们的业务学习提供了有力保障。

1939年7月，野夫与潘仁、金逢孙、夏子颐等人合作完成套色木刻《抗战门神》，这是木刻艺术创新的一种尝试，之后由浙江省合作供销社精印发行，在当时产生了很大影响，之后又有多位木刻家进行效仿。一个月后，为解决抗战期间大后方各地木刻工具供应困难的问题，野夫与金逢孙、潘仁各出资50元，创作“木刻用品社”生产木刻工具。据当时的老工人回忆：

> ……抗日战争爆发，航运中断，外贸不能进口，国内原有几家生产木刻刀的单位，也很难满足各地的需

---

①《浙江省战时美术工作者协会主办木刻研究社函授班征求学员》，《野夫纪念文集》，浙江人民美术出版社2017年版，第458页。

要。为了配合抗日宣传和木刻运动的普遍发展,迫不及待地要解决木刻刀的供应问题。野夫同志当时看到了这一点,因此,在一九三九年到浙江丽水和金逢荪(孙)等同志创办了浙江木刻用品供给合作社。他们在创办过程中是困难重重的。尤其是处于战火纷飞、极为混乱的年代,物资短缺,问题繁多。

当时在丽水开办制作木刻工具的工场、工人宿舍,是借用金逢荪(孙)同志家的几间老屋,职工除野夫、金逢荪(孙)、夏子颐外,还有位姓潘的同志(名字忘记了)。后来,杨涵、陈胜、赵子容、葛克俭、胡敏华(女)都来了。制作部门分铁工、木工。铁工部门工人有叶阿金(叶永生的兄弟)、杨永桃(杨涵之弟)、陈宗昌(陈胜之弟)、张阿唤等。木工工人有陈琳、张大明。此外,还有炊事员彭阿柳。

当时,抗日战争大后方的木刻工作者所需要的木刻用具,一般就是从这里供应的,同时还举办木刻研究班,借以推广木刻创作活动,也得到了全国美术青年的支持和帮助。①

1939年11月,由野夫牵头主持的木刻函授班正式成立,参

① 马金榜:《野夫与木刻工厂》,《野夫纪念文集》,浙江人民美术出版社2017年版,第292页。

加者100多人，多为爱好美术且思想进步的爱国青年，其中包括了杨涵、陈沙兵、葛克俭、夏子颐、黄永玉等一批后来颇有成就的木刻家。同月，野夫又与金逢孙创办了《战时木刻》半月刊，作为讲义发给学员参考，该刊先后刊登了野夫的木刻作品《冒着敌人和炮火前进》《拓荒》《游击区里的一个孩子》《送棉衣给北上抗日的新四军战士》以及文章《木刻创作法》《学习与模仿》《木刻史话》等。其中《送棉衣给北上抗日的新四军战士》至今在北京鲁迅博物馆胡风文库还存有一份原作，这是野夫在抗战中期所创作的代表性佳作。

送棉衣给北上抗日的新四军战士

胡风文库的《送棉衣给北上抗日的新四军战士》长11.3厘米，宽14.9厘米。画面造型朴素而充满质感，画面正前方为一个面容憨厚、体型健壮的妇女，双臂各夹着一叠做好的背心正大步向前走，在她的左后方，另一个妇女肩扛着一叠衣服紧随其后。两人的身后，有一些隐隐绰绰的人影，虽然没有刻画出清晰的容貌，但也以同样的姿势和步伐和这两位送棉衣的农妇走在一起，很显然，她们和这两位妇女一样，都是来为新四军战士送棉衣的。作者虽然没有对画面上的每一个人都进行全面的精细描绘，但却通过远近虚实的互相衬托，渲染出支前妇女群体的巨大规模和浩大声势，也体现了支前妇女的真诚朴实和与新四军的深厚情谊。

除了开办木刻函授班和木刻用品工厂，野夫还与万湜思、项荒途、张乐平、金逢孙等人联络华中、华南的多位作家和美术青年，在金华组织“刀与笔社”，出版了《刀与笔》中型月刊，并主编了《木刻丛集》，到1940年先后出版了《旌旗》《号角》《战鼓》《铁骑》《反攻》等木刻集，以便刊登函授班师生的木刻作品。胡风在日记中，多次记录了野夫寄赠这些木刻集的情况：

> 1940年1月12日 ……得绀弩、冼群、萧军、力群信，野夫寄赠木刻集《旌旗》。
>
> 1940年2月4日 ……得野夫木刻集《点缀集》。
>
> 1940年2月5日 ……野夫寄赠《怎样研究木刻》。
>
> 1940年4月1日 ……野夫寄赠木刻集《号角》。
>
> 1940年6月22日 ……得李桦、野夫信。
>
> 1940年7月20日 ……得绀弩、野夫信。
>
> 1940年8月7日 ……复李桦、野夫。
>
> 1940年8月23日 ……野夫寄赠木刻集《铁骑》。

可惜的是，这些凝结着野夫心血的珍贵馈赠，日后由于战乱和各种动荡，几乎都没能保存下来。

1940年1月，野夫编著的木刻理论专著《怎样研究木刻》出版发行。这一年的夏天，第一期木刻函授班结束，野夫后来为其编印了《铁笔集》作为结业纪念，刊载了自己创作的文章《浙江的木刻运动是怎样展开来的》和木刻作品《送布衣》《搏斗》等。8月，“木刻用品社”改组为“浙江省木刻用品供给合作社”，当时浙江省内的大部分木刻家都参加了这个合作社。这一年的秋天，野夫的木刻连环画《铁牛》也获得了出版。

1941年1月，木刻合作社在十分困难的条件下创办了社刊《木合》，之后又创办了刊物《木刻艺术》，野夫在这两个刊物上均发表了文章，对木刻艺术和木刻教育进行了宣传推广。同年夏天，因为日寇的轰炸，“木合社”被迫先后转移至浙江云和和江西上饶，并更名为东南木刻用品供给合作社。尽管工作生活环境异常艰苦，野夫仍然坚持木刻创作，并与远在重庆的王琦等木刻家取得了联系。1942年1月，中国木刻研究会在重庆成立，野夫当选为理事，也是在这个月，野夫与李桦、卢鸿基、王琦、陈烟桥、张漾兮等木刻工作者共同署名的《中国木刻工作者致苏联木刻家书》发表在《新蜀报》的副刊《半月木刻》上。1942年夏天，由于日军进攻浙赣线，野夫率东南木刻用品供给合作社迁往福建崇安，并开设武夷画室授课。1943年3月，东南木刻用品供给合作社在崇安改组，成立中国木刻用品合作工厂，恢复了木刻工具的生产，供应全国各地。之后，野夫又奉命组织成立了东南合作印刷厂，并担任厂长。这一年，野夫还担任了中国木刻研究会福建分会的常务监事，参与了中华全国木刻函授班的筹办工作。尽管日常工作繁忙，野夫仍然坚持进行木刻创作和理论研究，发表了不少文章和木刻作品。

从1944年7月开始，野夫利用开办印刷厂的便利条件，和杨可扬编印了《新艺丛书》，陆续出版了《给初学木刻者》《中国木刻运动简史》《鲁迅与木刻》等木刻理论书籍，尽一切力量对木刻运动进行宣传。同时，野夫自己编纂的《中国合作运动史木刻画集》也获得出版，保存了东南地区抗战木刻运动的珍贵资料。1945年9月，抗日战争取得最终胜利，野夫也将木合工厂历年收集的300余幅木刻作品集中起来，在福州举办了"庆祝抗战胜利木刻展览会"。

1946年，野夫返回上海，同刘开渠、庞熏琹等人发起成立上海美术家协会。之后，中国木刻研究会和中国木刻用品合作工厂分别由重庆和福建崇安迁至上海。6月，会集到上海的木刻工作者们开会讨论将"中国木刻研究会"改称为"中华全国木刻协会"（简称"全木协"），并开始筹备"抗战八年木刻展"，野夫担负起这个展览的展品征集和展览作品审查委员会的工作。3个月后，"抗战八年木刻展览会"在上海大新公司画廊正式开幕，共展出木刻作品897幅，对抗战起来的木刻佳作进行了总结式的展览。与此同时，全木协主编的《抗战八年木刻选集》在上海开明书店出版，野夫的木刻作品《角斗》入选并被刊登于首页。10月，野夫又和陈烟桥、王琦、丁聪等人一起，在马思南路中共代表团上海办事处受到周恩来的接见。此后两年，野夫继续把主要精力放在木刻创作和展览策划上，取得了丰硕的成果。

1949年5月，上海获得解放。野夫与刘开渠、杨可扬、张乐平、庞熏琹、陈烟桥、赵延年等人在《大公报》上发表迎接解放的《美术工作者宣言》，并赴北京参加了第一次全国文代会，且当选为中华全国美术工作者协会常务委员。先后参与了赴杭州接管国立艺术专科学校、筹办上海大众美术出版社等工作。1953年，野夫当选为中国美术家协会第一届理事会理事、副秘书长，并调至北京工作，负责工艺美术的出国展览工作，与李桦、力群、赖少其、杨可扬等人一起主编了《版画》双月刊，并参与了日本旧友、版画导师内山嘉吉访华的接待工作。

1957年，野夫被调至中国美术馆负责美术作品和资料的征集整理工作，仍然在坚持版画创作。1973年因肝癌去世。而他的版画遗作专展，1992年才得以在他生前工作过的中国美术馆正式展出。

陈烟桥:铁笔丹心唯许国

在北京鲁迅博物馆胡风文库的抗战木刻收藏中,由著名版画家陈烟桥所创作的10幅抗战木刻作品虽然数量不多,却幅幅精致。它们笔触绵密、构图讲究,显示出作者严谨的艺术风格和圆熟的艺术技巧,更以自己独特的视角,记录了那个艰苦卓绝而又热情澎湃的抗战年代。

陈烟桥,原名陈炳荣,广东东莞县观澜乡人(今属深圳市宝安区),1912年出生在一个客家侨商家庭里。父亲陈永发早年赴印尼谋生,后来又转赴牙买加经商,逐渐在当地发展为稍有规模的华商。因为待人周到和气,又有一定的组织活动能力,陈永发在家乡颇受乡人的尊重,这些都给年幼的陈烟桥留下了深刻的印象。在家乡美丽的自然环境和浓厚的文教气息的熏陶下,陈烟桥很早就对美术产生了兴趣,从年少时便开始学画,打下了良好的美术基础。

1917年，陈烟桥进入由海外华侨捐资兴建的广培学校学习，接受新式教育，并在课余潜心磨练自己的画艺。1925年，陈烟桥赴广州教忠学校初中部就读，之后又在1927年春跟随叔父来到上海，先后在中华艺术大学美术系预科班和西画系学习美术。中华艺术大学是一所富于新兴气息的学校，由陈抱一担任负责美术教育方面的主任委员、许幸之出任绘画科的主任。这所学校在中国西画革新运动和左翼文艺运动中发挥了重要作用，既是中国左翼美术家联盟的总部所在地，也是进步戏剧团体上海艺术剧社和进步美术团体时代美术社的诞生地和会址。在该校进步文艺氛围的熏陶下，陈烟桥的绘画艺术和思想水平都得到了很大提高。然而在1930年，该校被当局查封，加之叔父频繁失业，一时无法在上海就学的陈烟桥不得不与叔父一起返回家乡，进入广州市立美术学校（简称“广州市美”）西画科学习。[①]

广州市美也是一所学风自由开放的新式美术学校，首任校长许崇清和第二、三任校长胡根天、司徒槐都是西洋画家，他们均致力于引进欧美和日本的现代美术教育思想和教育内容，开设美术史、美学、艺术哲学、艺术概论、色彩学、透视学、艺术解剖学等课程，先后聘请了一些在欧美和日本接受过高等美术教育的人才前

---

① 陈超男、陈历幸：《与中华民族共同着生命的艺术家：陈烟桥传》，中西书局2015年版，第9页。

来任教。[①]在良好的教学环境中,陈烟桥进一步夯实了自己的美术创作基础,同时参加学校内部刊物的编辑工作,并学习图案制作。也正是在这一段时间,陈烟桥在书店中看到了鲁迅编印的《奔流》杂志和以朝花社名义出版的《近代木刻选集(一)》《近代木刻选集(二)》等创作木刻选集,被鲁迅所绍介的木刻艺术世界深深吸引,加之身边的不少老师同学已经开始进行木刻的模仿刻制活动,木刻逐渐成为广州市美青年学生的普遍爱好。在这种时代氛围的影响下,陈烟桥萌生了重返上海学习木刻的念头,于是便和何白涛、刘应州等甘为"木刻学徒"的同学一同北上,转入上海新华艺术专科学校(简称"新华艺专")西洋画系就读,走上了新的艺术征程。[②]

此时的新华艺专由徐朗西担任校长、汪亚尘任教务长,并聘请了颜文梁、王个簃、贺天健、应野平、郁达夫、吴湖帆、唐云等名家在此任教。在新华艺专期间,陈烟桥学业突出,且积极投身于各种进步运动,不仅主动为受到中共地下党组织支持的校内进步壁报《路灯》提供漫画和写生作品,还参加了中国革命互济会,而且响应中共领导下的中国自由运动大同盟的号召,为艺术剧社和中华艺大的被查封而奔走反抗。与此同时,陈烟桥也并没有放弃木刻创作的学习和磨练,1932年,陈烟桥创作

① 陈超男、陈历幸:《与中华民族共同着生命的艺术家:陈烟桥传》,中西书局2015年版,第10页。

② 同上书,第10—11页。

了《休息》与《巷战》两幅木刻习作，初步展现了他在木刻创作方面的造型功力和艺术才华。

1932年秋，中国左翼美术家联盟（简称“美联”）新华艺术专科学校盟员小组成立，这个组织以陈烟桥为骨干，陈铁耕、马达、王艺之、任开钧、冉熙、彭先达、官梦菊、林民柳、钱嗣祜等人参加了这个组织。此外，陈烟桥还参加了“美联”创办的新亚学艺传习所的美术教学工作，与郑野夫、顾鸿干等人一同担任绘画木刻系的教师，培养了黄新波、郁风等日后颇有成就的美术人才。这一年的冬天，进步木刻组织野穗社成立于新华艺专校内，由陈烟桥和陈铁耕、何白涛等人负责，野穗社和MK木刻研究会、涛空画会等“美联”领导的其他木刻组织相互呼应，有力地推动了新兴木刻运动的发展，但也引起了国民党当局的高度警惕，不得不先后中止活动。

1933年4月，陈烟桥开始与鲁迅通信，请教木刻艺术创作方面的问题，就此开始了与鲁迅的交往，鲁迅也多次在写给陈烟桥的信中指点陈烟桥提高木刻创作方面的技术，在1934年4月12日致陈烟桥的信中，鲁迅这样写道：

> 十日晚信并木刻均收到；这三幅都平平，《逃难》较好。
>
> 印行木刻，倘非印一千部，则不能翻印。譬如你的《赋别》，大约为四十八方吋，每方吋制版费贵者一角二，便宜者八分，即非四元至五元不可，每本二十

幅，单是制版费便要一百元左右了。而且不能单图价廉，因为价廉，则版往往不精，有时连线的粗细，也与原本不合。所以只能就用原版去印。入选之画，倘在外埠，便请作者将原版寄来，用小包，四五角即可，则连寄回之费，共不过一元而已。其中如有无法取得原版者，则加入翻版者数幅亦可。

M．K．社倘能主持此事，最好。但我以为须有恒性而极负责的人，虽是小事情，也看作大事情做，才是。例如选纸，付印，付订，都须研究调查过。据我所知，则——

抄更纸每刀约九十张，价壹元二三角（九华堂），倘多买，可打八折，其中有破或污者，选后可剩七十张，一开二，即每张需洋一分。

在木版上印，又只百部，则当用手摇机，在中国纸上印，则当用好墨，以油少者为好。

封面的纸，不妨用便宜之洋纸，但须厚的。

此外还有，都须豫先研究确定，然后进行付印。而内容选择，尤应谨严，与其多而不佳，不如少而好；又须顾及流布，风景，静物，美女，亦应加入若干。

工场情形，我也不明白，但我想，放汽时所用之汽，即由锅炉中出来，倘不烧煤，锅炉中水便不会沸。大约烧煤是昼夜不绝的，不过加煤有多少之别而已。所以即使尚未开工，烟通中大概也还有烟的，但这须问一声确实知道的人，才好。[①]

在信中，鲁迅不仅对陈烟桥寄来的木刻作品进行了点评，还从用料、成本、选题等多种角度出发，热情地为陈烟桥日后的木刻创作提出实际建议，其思虑之细、关切之深，至今读来仍然让人感动。但鲁迅对陈烟桥的提携远不止于此，一周后，鲁迅再致陈烟桥一信，信中提到：

我曾经看过MK社的展览会，新近又见了无名木刻社的《木刻集》(那书上有我的序，不过给我看的画，和现在所印者不同)，觉得有一种共通的毛病，就是并非因为有了木刻，所以来开会，出书，倒是因为要开会，出书，所以赶紧大家来刻木刻，所以草率，幼稚的作品，也难免都拿来充数。非有耐心，是克服不了这缺点的。

木刻还未大发展，所以我的意见，现在首先是在引起一般读书界的注意，看重，于是得到赏鉴，采用，就是将那条路开拓起来，路开拓了，那活动力也就增大；如果一下子即将它拉到地底下去，只有几个人来称赞阅看，这实在是自杀政策。我的主张杂入静物，风景，各地方的风俗，街头风景，就是为此。现在的文

① 鲁迅：《340412致陈烟桥》，《鲁迅全集》第13卷，人民文学出版社2005年版，第72—73页。

学也一样，有地方色彩的，倒容易成为世界的，即为别国所注意。打出世界上去，即于中国之活动有利。可惜中国的青年艺术家，大抵不以为然。

况且，单是题材好，是没有用的，还是要技术；更不好的是内容并不怎样有力，却只有一个可怕的外表，先将普通的读者吓退……[①]

在这里，鲁迅向陈烟桥阐明了提高木刻技艺与加强新兴木刻民族特色的重要性，并且对当时木刻创作所存在的浮躁冒进风气进行了批评。这已然是从中国新兴木刻艺术的总体建设层面对陈烟桥提出要求，足见鲁迅对陈烟桥的欣赏器重和无限期望。

除去与鲁迅通信讨论木刻艺术，1933年底，在法国《看》周刊记者绮达·谭丽德的帮助下，鲁迅开始策划组织中国新兴木刻作品赴法国巴黎进行“革命的中国之新艺术”的专题展览，陈烟桥担任此次展览的助手，负责征集作品，并有《天灾》《投宿》《某女工》《受伤者的呐喊》4幅作品参展。[②]1934年3月，“革命的中国之新艺术”展在法国巴黎比利埃画廊举行首展，展览十分成功，受到巴黎当地观众和各类媒体的高度关注，其序言则被法国知名报刊《世

① 鲁迅：《340419致陈烟桥》，《鲁迅全集》第13卷，人民文学出版社2005年版，第80—81页。

② 陈超男、陈历幸：《与中华民族共同着生命的艺术家：陈烟桥传》，中西书局2015年版，第55页。

界报》进行了全文转载，并引起了法国艺术评论界的兴趣和讨论。[①]这是萌芽不久的中国新兴木刻艺术走向世界的一次勇敢尝试，虽然它在艺术上还存在粗糙幼稚的弊病，但其清新刚健的精神面貌和蓬勃向上的生命力却让世界为之瞩目。几乎与此同时，陈烟桥还协助鲁迅编印了新兴木刻艺术画集《木刻纪程·壹》，收入黄新波（一工）、何白涛、陈烟桥（李雾城）、陈铁耕、陈普之（蓝伽）、张望（致平）、刘岘、罗清桢8位作者的24幅木刻艺术作品，其中陈烟桥本人有《拉》《窗》《风景》3幅木刻作品入选。鲁迅还为这部中国新兴木刻艺术史上里程碑式的画集作了《小引》，其中谈道：

> 而且仗着作者历来的努力和作品的日见其优良，现在不但已得中国读者的同情，并且也渐渐的到了跨出世界上去的第一步。虽然还未坚实，但总之，是要跨出去了。不过，同时也到了停顿的危机。因为倘没有鼓励和切磋，恐怕也很容易陷于自足。本集即愿做一个木刻的路程碑，将自去年以来，认为应该流布的作品，陆续辑印，以为读者的综观，作者的借镜之助。但自然，只以收集所及者为限，中国的优秀之作，是决非尽在于此的。
>
> 别的出版者，一方面还正在绍介欧美的新作，一方面则在复印中国的古刻，这也都是中国的新木刻的

① 陈超男、陈历幸：《与中华民族共同着生命的艺术家：陈烟桥传》，中西书局2015年版，第59页。

> 羽翼。采用外国的良规,加以发挥,使我们的作品更加丰满是一条路;择取中国的遗产,融合新机,使将来的作品别开生面也是一条路。如果作者都不断的奋发,使本集能一程一程的向前走,那就会知道上文所说,实在不仅是一种奢望的了。①

此外,1933年5月,陈烟桥还在野穗社出版的手拓本版画刊物《木版画》第1期第1辑上发表了《失业劳动者》《巷战》《休息》《游戏》4幅木刻作品,并由野穗社将该期木刻刊物寄赠给了鲁迅。这一年的秋天,陈烟桥还在中共地下党组织的安排下担负起编辑刻制地下油印宣传画报《民众画报》的工作。②陈烟桥也并没有向鲁迅隐瞒自己参与这项秘密工作的情况,还将《民众画报》第八期直接附信寄给鲁迅,这份《民众画报》至今仍收藏在北京鲁迅博物馆。

1934年年中,陈烟桥返回家乡探亲,不久便因反抗包办婚姻离开家乡,转赴广东南海西樵中学为患病的何白涛代课,之后又辗转于广州和香港等地从事出版和教育工作,期间仍然坚持木刻艺术创作。1935年夏秋之际,陈烟桥携未婚妻林淑仪重

---

① 鲁迅:《〈木刻纪程〉小引》,《鲁迅全集》第6卷,人民文学出版社2005年版,第49—50页。

② 陈超男、陈历幸:《与中华民族共同着生命的艺术家:陈烟桥传》,中西书局2015年版,第91页。

返上海，继续从事木刻和漫画创作活动，这年10月，手拓本《陈烟桥木刻集》终于出版，这是陈烟桥的第一本个人木刻集，收入《汽笛响了》《黄浦江》《失望的人们》等8幅作品，并被他郑重地寄赠给鲁迅作为礼物(现存上海鲁迅纪念馆)。

1936年3月，在李桦、赖少其、唐英伟等广州现代版画研究会成员的倡议和各地版画家的响应下，"全国木刻联合展览会"改名为"全国木刻流动展览会"，并计划此后每年举办一次。7月，"第二回全国流动木刻展览会"在广州广东省立图书馆举办首展，这个展览共展出木刻作品590余幅，并于一个月后巡展至杭州。陈烟桥的木刻作品《东北义勇军》(又名《伏击》《雪地战壕》)参与了此次展览，给当时的失学青年、后来的著名版画家杨可扬留下了极深的印象。

> 我第一次直接接触到木刻原作，是1936年初秋，在杭州展出的"第二回全国木刻流动展览会"上。那一幅幅紧扣生活，质朴、无华、刚健清新的作品，对比当时那乌烟瘴气的画坛，使我耳目一新，有如发现了新大陆。其中特别有几幅反映"九一八"以后东北人民的苦难和抗争的作品，给我留下了更为强烈的印象。如黄新波的《失去了土地的人们》和陈烟桥的《东北义勇军》等，虽然距今将近50年了。但仍记忆犹新，历久难忘。从那以后，我放弃了漫画创作，转习了木刻版画，而且随后又把刚刚学到的一点刻作和拓印方

法作为资本,投身到抗日救亡的宣传活动中去。[①]

胡风文库现存陈烟桥所作《东北义勇军》的木刻原作一张,长24.1厘米,宽14.2厘米,右下刻有"C.Y."的签名。画面上并没有出现任何日本侵略者的踪迹,只有7个头戴皮帽、持枪瞄准的战士,背对着观众静静地卧在被白雪覆盖的战壕之中。画面的远处,是黑色的群山,苍茫而压抑,与白雪中的战壕形成了强烈的对比,使得画面的气氛更加悲怆凝重,令观众深刻感受到东北沦陷区战地环境的残酷和义勇军战士们孤军奋战的艰难,在静穆中蕴藏着感人至深的力量。

东北义勇军

① 杨可扬:《烟桥铁笔》(原载1984年1月22日《解放日报》),《陈烟桥纪念文集》,上海社会科学院出版社2012年版,第52页。

1936年10月8日,“第二回全国木刻流动展览会”正巡展至上海,鲁迅抱病来到上海八仙桥青年会的展览现场,与陈烟桥、白危、曹白、黄新波等木刻青年进行了亲切交谈。这一幕场景,被摄影家沙飞捕捉进了自己的镜头,于是便有了《鲁迅先生和青年木刻家在一起》的摄影名作,这是鲁迅生前最后的留影。仅仅11天后,鲁迅与世长辞,陈烟桥与木刻诸君子参与了鲁迅葬礼的服务工作,并撰写了悼文《鲁迅先生与版画》。一个月后,陈烟桥与力群、王天基、白危、江丰、沃渣、郭牧、郑野夫、曹白、黄新波等34人成立了上海木刻工作者协会,并在上海的《文学杂志》发表了《上海木刻工作者协会成立宣言》,以此表达对鲁迅的纪念。

> 中国新兴的木刻,在黑暗与污浊中发芽,在侮辱与冷嘲里抽苗,在屠杀与践踏之下壮大——它壮大起来了。
>
> 所以中国新兴的木刻,一开始,它就是在斗争的。七年以来,由于我们的伟大的鲁迅先生之领导,由于从事木刻同志们的血的洗礼,和自身的艰苦的工作,我们一天也没有忘记过自己的任务:斗争——与黑暗和强暴相搏斗。
>
> 现在,中华民族,真是到了你死我活的最后一步。大众们如再不出来抗争,只好听其灭亡。因此也就产生了各种救国会,在统一战线之下,从事于救亡的工

作。木刻是整个文化的一部门，对这神圣的伟大的救亡运动，我们当然是要以最大的赤诚和努力来参与的。

可是在最近，鲁迅先生突然辞世了。我们失去了最好的指导者，最勤奋的介绍者。对于他的死，我们刻木刻的青年，比任何人感到更深切的悲痛。但一方面也就觉到我们的责任重大了。为了将沦于奴隶之苦的大众们，为了实践鲁迅先生的遗言，为了木刻本身的前途，我们有立刻携手之必要。

我们愿意凡是从事木刻的人，都参加到我们的集团里来：来增加我们的力量，来一同推动中国的木刻运动，来一同与黑暗和强暴相搏斗。[①]

1937年7月，七七事变爆发，全面抗战开始。一个月后，侵华日军发动“八·一三”事变，疯狂进攻上海，淞沪会战正式打响。陈烟桥与李桦、力群、黄新波、江丰、曹白、郑野夫等人筹备的“第三回全国木刻流动展览会”也不得不中途搁置，而陈烟桥等人为“第三回全国木刻流动展览会”征得的2000余幅木刻作品，也由江丰携带，于1937年9月随上海文化界救亡总会离开上海前往汉口。与陈烟桥早有交往的胡风在日记中便记载了

① 陈烟桥等：《上海木刻工作者协会成立宣言》，李桦、李树声、马克编：《中国新兴版画运动五十年》，辽宁美术出版社1982年版，第20—21页。

陈烟桥的一些活动,其中不乏与此次展览的相关工作。

> 1937年8月17日 ……得陈烟桥代赠李桦刻的连环木刻《黎明》一本、杨晋豪信一封。
>
> 1937年9月5日 ……木刻展的许多木刻存于陈烟桥处,他说可借给我一份。
>
> 1937年9月10日 ……饭后,到陈烟桥处,他交给了我八十幅左右的木刻,十分之九以上是以抗战为题材的,有些刻得非常好。我想带武汉去开一个展览会。
>
> 1937年9月11日……归,陈烟桥在等着,他送来了几幅木刻和一张漫画。
>
> 1937年9月21日……上午烟桥来过,带来了兰畦底稿一篇,钱十元。他答应为我找些漫画来。

日记中提到的陈烟桥所代赠的李桦连环木刻版画集《黎明》,如今还保存在北京鲁迅博物馆胡风文库,而他交给胡风的那张漫画,也非常可能是后来发表在《七月》周刊上的漫画作品《给我们枪啊!》。整个淞沪会战期间,陈烟桥与其他木刻家一起,积极地创作抗日题材的木刻作品和漫画作品,以此进行抗日救亡的宣传工作,他所创作的木刻作品《上前线去》《东北义勇军》《游击队之夜》《挺进》等木刻作品均发表在宣传抗战的报刊上。1937年冬,随着淞沪会战失利,日军占领上海,陈烟桥遂举家离开上海前往香港,继续进行抗日文艺宣传活动。

陈烟桥抵达香港后，随即为香港《立报》《星岛日报》和广州《救亡日报》等重要报刊创作抗战木刻和漫画作品。同时，他还兼任何香凝的秘书，替她草拟文稿并编辑《妇女副刊》等报纸副刊。1938年8月，陈烟桥打算筹办一个艺术刊物，于是便分别给各位旧友去信约稿，他写给胡风的这封约稿信，现今也保存在北京鲁迅博物馆胡风文库。

风兄：

好久未曾写信问候了，想近来很好吧。弟最近筹办一艺术杂志，定九月十日出版。征文范围除艺术各部门外，一般时事问题，亦所涉及，请兄写点关于文学的论文来吧，字数多少不论，作为特约稿。香港方面和广州方面已有不少朋友肯帮忙的，如茅盾先生答应写一篇文艺短评，金仲华先生答应写一篇关于漫画的，蔡楚生先生答应写一篇关于电影戏剧的，欧阳山先生也写，巴金、夏衍先生在征求中。上海方面想请尤兢先生等写。请兄勿以刊物小见弃，无任盼幸。鹿地亘池田夫妇亦去函催稿，想亦不会见却吧。兄如有朋友能为本刊撰文的，请介绍，文体以庄严的评论为最好，创作次之。稿费港币每千字二元至三元。劳兄，谨谢。力群、曹白两兄现在何处？

烦调查告知，耑此敬颂

著安。

弟烟桥敬上

八月十一日

陈烟桥在信中提到的这个艺术刊物后被命名为《自由》,也确实刊发了茅盾、夏衍、鹿地亘、蔡楚生、胡风等人的稿件,但只出版了一期便宣告停刊了。

在香港期间,陈烟桥除了进行木刻创作和编辑刊物之外,还积极地研究抗战美术理论。他所撰写的抗战美术理论专著《抗战宣传画》于1938年5月由黎明书局出版。在此书中,陈烟桥结合鲁迅美术理论的指导思想和自己的创作实践,阐明了宣传画在中国美术革命与社会变迁进程中所起到的历史作用,初步展现了自己在艺术理论方面的素养和才华,为此后所进行的一系列美术理论研究打下了基础。1938年9月,陈烟桥接到陶行知发来的聘书,决定携家眷前往重庆,担任育才学校的绘画组主任。在路过广州时,陈烟桥与国际友人、波兰著名进步记者伊斯雷尔·爱泼斯坦(Israel Epstein)会面,决定为爱泼斯坦即将出版的介绍中国人民抗日情况的英文著作《人民战争》(*The People's War*)创作木刻插图。1939年,《人民战争》一书在伦敦出版,其中便附有陈烟桥创作的六幅木刻插图。这本著作的出版,加强了中国与其他各国人民的相互了解,并为团结合作反对法西斯侵略起到了积极的作用,也扩大了抗战木刻的世界影响力。而陈烟桥为这本著作所创作的其中一幅木刻插图的原拓原作,如今也很幸运地保存在北京鲁迅博物馆胡风文库。

新四军袭击一列沪宁线上的火车

这幅名为《新四军袭击一列沪宁线上的火车》的木刻作品长33厘米，高24厘米。构图线条老练酣畅，洒脱自如。画面上，一趟在车头上悬挂日本国旗的火车冒着浓烟驶来，画面的正前方，是几个埋伏在草丛中的新四军战士，他们姿态各异，或举枪射击，或准备投掷手榴弹，但都预备着向日军火车发动袭击。画面的右上方，是两个更小的人影，但也做出举枪迎击的动作，很显然是埋伏在火车另一侧准备伏击的新四军战士。天上飘过的云朵、远处的山岗、战士们埋伏的草丛、火车冒出的浓烟以及战士们身上的衣褶均以细密的排线构成，增强了画面的冲突感和紧张感，使观众如入其境，深感战斗的激烈和残酷。

陈烟桥携家眷由香港前往重庆后，遂直接参与了已迁至重庆的中华全国木刻界抗敌协会的工作，且开始着手收集新兴木刻的相关资料，预备写作《鲁迅与木刻》一书。1939年7月，陶行知主办的育才学校在重庆市郊合川草街子古圣寺正式开学，专门从流亡到重庆的难童中进行选拔，对其进行全面的素质教育。陈烟桥在担任育才学校绘画组主任期间，在极其艰苦的环境下，和张望、汪刃锋、刘铁华、王琦等抗战版画家一起，培养了刘政德、伍必端等日后成为名家的美术人才。在育才学校从事美术教育工作的同时，陈烟桥依然坚持进行抗战木刻的创作活动。1940年6月，桂林文化生活出版社出版了《陈烟桥木刻选》一书，其中收入了《群众歌声》《收获》《关外的英勇战士》《西北骑士》《活跃的新四军》《鲁迅与高尔基》《鲁迅先生与青年运动》《光明的兆示(为纪念鲁迅先生而作)》《游击队的组成》《挺进》《游击队之夜》《敌机下》12幅木刻作品，展现了陈烟桥在抗战初期所取得的木刻艺术创作成绩。

1940年秋，在《新华日报》前美术科科长和总编辑的推荐和邀请下，陈烟桥前往《新华日报》接手美术科科长的工作。在《新华日报》工作期间，陈烟桥不仅积极参加多种社会活动，还把木刻风格引入到《新华日报》的漫画配图中，并撰写了不少木刻理论文章。1941年1月，皖南事变爆发，周恩来悲愤至极，为蒙难的新四军将士题写了“千古奇冤，江南一叶；同室操戈，相煎何急”的挽诗，正是陈烟桥将周恩来的挽诗和题词刻写在木刻板上，以最快的速度交《新华日报》拼版付印，有力地突破了国民党当局的新闻封锁，揭露了国民党当局同室操戈的反共罪行。[①]皖南事变后，由于国统区的白色恐怖日趋严重，陈烟桥由中共党组织安排，携家由重庆经昆明、缅甸仰光等地前往香港。孰料，1941年12月8日，太平洋战争爆发，香港又被日军攻陷。陈烟桥一家在中共党组织的安排下离开香港，暂时返回老家广东观澜。1942年夏天，陈烟桥携妻儿离开家乡前往广东曲江、韶关等地，并短暂任教于位于韶关的广东省立艺术专科学校。1943年秋，在旧友黄新波、赖少其等人的邀请下，陈烟桥离开曲江，前往桂林进行抗日宣传活动。

在桂林，陈烟桥先是在德智中学任图画教员，之后又在原《星岛日报》主编金仲华的介绍下，进入美国新闻处桂林分处工作，在美新处工作期间，陈烟桥与美籍同事相处融洽，并继续撰写《鲁迅与木刻》《艺术与社会》等著作。后由于日军的进犯，陈烟桥随美新社桂林分处部分工作人员撤退至重庆，进入美新处总处继续做临时美工。回到重庆后，陈烟桥在工作之余，继续从事抗战木刻的创作和宣传活动。1944年11月，应中苏文化协会之约，陈烟桥与王琦共同起草致苏联木刻家的信，对有关套色木刻问题交换意见。1945年10月，陈烟桥在重庆与王琦、刘岘、王树艺、黄荣灿、梁永泰、陆地、丁正献、汪刃锋9位抗战木刻家联合举办了“九人木刻联展”。与此同时，他花费多年的《鲁迅与木刻》也已完稿，后于1946年由中国木刻用品合作工厂

---

① 陈超男、陈历幸:《与中华民族共同着生命的艺术家:陈烟桥传》,中西书局2015年版,第170页。

出版，这是我国第一本研究木刻理论的著作，在中国新兴木刻发展史上具有开创性意义。

1945年12月，陈烟桥举家乘轮船从重庆返回上海，之后便为中华全国木刻协会的成立和“抗战八年木刻展览”的筹备而奔忙。除此以外，陈烟桥也积极参加上海的各类社会活动。1946年10月，陈烟桥与李桦、王琦、沈同衡、丁聪等美术家一起，在上海马斯南路中国代表团驻沪办事处受到了周恩来的接见，并代表上海木刻界，将出版不久的《抗战八年木刻选集》交周恩来转赠延安的木刻家。

回到上海后，陈烟桥在中学任教，并在中国共产党领导下的《文萃》周刊上发表了大量抨击时政的讽刺漫画，招来了国民党当局的忌恨。1947年7月，《文萃》周刊遭到国民党特务破坏，陈烟桥也被牵连逮捕，后经宋庆龄和原美新处桂林分处处长威廉·鲍威尔等中外友人营救出狱。获释后的陈烟桥婉拒了父亲陈永发要他携家属前往牙买加一起生活的建议，继续留在上海坚持进步木刻活动。他先是在南洋女子中学任教，后又在苏联塔斯社上海分社社长罗果夫的介绍下，在《时代日报》等进步报刊上继续发表木刻作品与钢笔画，直至1949年5月上海解放。

1949年5月28日，陈烟桥与杨可扬、邵可萍、郑野夫、赵延年、刘开渠、张乐平、庞薰琹等美术家一起发表联合宣言，提出上海美术工作者要在新时期为人民服务、创造人民的新美术的决心。6月，陈烟桥又赶赴北平，参加了第一次全国文代会。回到上海后，陈烟桥先后出任中华全国美术工作者协会上海分会常务委员会副主席、华东文化部美术科科长、大众美术出版社主编等职务，为上海的各项美术事业日夜奔忙。公务之余，他还撰写了《新中国的木刻》一书，详细阐述了木刻这一美术形式对于新中国文化建设的重要意义。

1955年以后，陈烟桥创作了《佛子岭水库》和《建设中的佛子岭水库》等木刻佳作，并花费了大量时间精力参与上海鲁迅纪念馆、绍兴鲁迅纪念馆和北京鲁迅博物馆的美术指导和鲁迅专题版画创作工作。

1958年，陈烟桥奉调离开上海前往南宁，参与广西艺术专科学校的重建工作，出任广西艺专的美术系主任。在此期间，陈烟桥全力培养当地美术人才，整理研究广西民间美术作品，并为人民大会堂广西厅主持创作了大幅装饰画《桂林山水》。1963年，陈烟桥参与了《广西日报》发起的有关艺术创作的“雅与俗”大辩论，引起激烈争论。1970年冬在广西去世，此时，他只有59岁。

（原载于《中国纪念馆研究》2022年1、2合辑）

黄新波:永远的路碑

在北京鲁迅博物馆胡风文库,收藏有6幅风格奇诡、笔触深邃的抗战木刻作品,这6幅木刻作品在揭露日本侵略者暴行、刻画抗日军民英勇奋战的同时,也表现出强烈的艺术个性和对独立风格的认真探索和思考。这6幅气质独特的抗战木刻版画,都出自于中国新兴木刻运动的重要参与者、中国现代著名版画家黄新波之手,它们见证了黄新波所经历的那段残酷异常而又激情燃烧的抗战岁月,也见证了他的木刻艺术几经磨砺,终于由幼稚走向成熟的关键过程。

黄新波,原名黄裕祥,1916年出生在广东台山县斗山镇小道村的一个美国华侨工人家中,其父黄仁政常年在印尼、美国等地打工谋生。黄新波自幼随家人赴香港生活,先后就读于香港袁星河学塾和道传学塾。1928年,黄新波随母亲返回台山,先后就读于夙堂小学和台城镇缉熙学校，之后又在1930年考入台山县立中学。中学时期的黄新波受到何干之、朱伯谦等优秀教师的影响，开始展露出多方面的文艺才华，他参加过学校的剧团和乐队，组织过学生宣传队，并在校刊《台中半月刊》上发表小说、散文、诗歌、时评等，在学生运动中很是活跃。黄新波因积极参加进步活动，引起了反动当局和校方的忌惮，最终在1932年秋被校方秘密开除。离开学校的黄新波继续从事抗日救亡运动，他参与编辑了文艺刊物《火线上》，并组织了台山剧社，在台山县各地进行巡回演出，宣传抗日。

1933年春，在返乡青年林基路和林焕平的影响下，黄新波有了赴上海求学的想法。于是，在由印尼归国的堂叔的资助下，黄新波与8位同学结伴离开家乡前往上海，进入侨光中学学习。在林基路的介绍下，黄新波加入了上海反帝大同盟，经常进行抗日宣传活动；也在林焕平的介绍下，加入了诗人蒲风组织的新诗歌会，并终生保持着对诗歌和写作的兴趣。1933年秋天，在朋友的建议和鲁迅倡导的新兴木刻运动的感召下，黄新波进入新亚学艺传习所绘画木刻系学习木刻创作，这个选择决定了他一生的事业方向。

新亚学艺传习所绘画木刻系人才济济，以许幸之、陈烟桥、郑野夫等中国现代木刻版画的先行者为指导教师，黄新波身在其中，自是如鱼得水。然而，好景不长，课程开始仅仅两个多月后，校长和几位老师遭到逮捕，学校被迫解散。在此期间，黄新波两次试图离开上海，分别前往中华苏维埃所在地瑞金和苏联参加革命,但终因旅途险阻,未能成行。

1933年12月,黄新波到上海北四川路内山书店偶遇正在和内山完造闲聊的鲁迅,由此和鲁迅结识,并得到鲁迅在木刻艺术方面的鼓励和指点。1934年春,黄新波考入上海美术专科学校西洋画系,在精研美术专业的同时,还参加了中国共产主义青年团和"MK木刻研究会"。4月,黄新波将最初创作的50余帧木刻寄给鲁迅,并与同学刘岘一起,合作出版《无名木刻集》,收入7幅木刻作品。这本木刻集的出版,得到了鲁迅的大力支持,鲁迅不仅对该书木刻的手拓纸张予以资助,还亲笔为《无名木刻集》写下了简短有力的序言:

> 用几柄雕刀,一块木板,制成许多艺术品,传布于大众中者,是现代的木刻。
>
> 木刻是中国所固有的,而久被埋没在地下了。现在要复兴,但是充满着新的生命。
>
> 新的木刻是刚健,分明,是新的青年的艺术,是好的大众的艺术。
>
> 这些作品,当然只不过一点萌芽,然而要有茂林嘉卉,却非先有这萌芽不可。
>
> 这是极值得记念的。[①]

---

① 鲁迅:《〈无名木刻集〉序》,《鲁迅全集》第8卷,人民文学出版社2005年版,第406页。

1934年6月，鲁迅又将黄新波创作的木刻作品《推》(署名一工)收入中国新兴木刻运动第一本选集《木刻纪程》，这对于当时年仅18岁的黄新波来说，是莫大的肯定和鼓舞。这一年的夏天，黄新波加入了中国左翼作家联盟和中国左翼美术家联盟，在之后的10月，再次与刘岘合作，手拓出版了《未名木刻选》和《未名木刻选集》。当年年底，黄新波收到鲁迅寄赠的木刻画册《引玉集》，并在鲁迅的介绍下为叶紫小说《丰收》和萧军小说《八月的乡村》设计封面和木刻插图，这两部小说出版后，在当时的社会上引起很大反响，而黄新波为这两部小说所作的插图，也因刻画细致认真受到了鲁迅的好评。

1935年，黄新波的木刻作品《推》入选在北平举行的“全国木刻联合展览会”。5月，在缅甸华侨林望中的支持资助下，黄新波远赴日本东京求学。在东京，黄新波不仅学习了日语，也进一步提高了自己的木刻技艺和综合美术素养。在广泛阅读各种日本艺术书刊和游历多家日本美术馆的同时，黄新波还学习了木口木刻的刻制技术，并很快运用到自己的木刻创作实践中，这一时期，他为诗人蒲风的长篇叙事诗集《六月流火》创作了插图。除了继续完善自己的木刻艺术，黄新波还积极投入到中国留日学生的进步活动中，抵达日本一个月后，黄新波便开始参加东京中华学术研究座谈会和中华留日同学座谈会等活动，并参与了《质文》《新诗歌》《东流》《留东日报》等刊物的编辑，还负责中国左翼美术家联盟东京分盟的组织工作。在东京，黄新波又结识了林林、杜宣、任白戈、宋之光、李云扬等进步青年，并接待了前来拜访的著名音乐家聂耳。但不幸的是，1935年7月，聂耳在神奈川鹄沼海滨因溺水去世，消息传来，黄新波极为悲恸，他写下了悼文《致亡友》，并精心刻就了木刻作品《聂耳像》寄托哀思，画面中的聂耳一脸凝重，怀抱象征音乐的六弦琴，而他的背景，则是一串乐符和硝烟弥漫的战场，很好地烘托出聂耳自身的悲剧气质和心系救亡的爱国音乐家身份，富于时代气息。但留给黄新波悲伤的时间并不多，1935年8月，黄新波以中华留日美术座谈会的名义，组织举办了美术展览，参展美术作品约有百余幅，这是中国新兴木刻原作在日本的首次出展。

1936年6月，黄新波离开东京取道香港返回上海。回到上海后，黄新波生计艰难，先后在文璧小学和上海救国会的进化学校教书糊口。但此时的黄新波还是坚持进行木刻艺术创作和相关的社会活动。10月，黄新波与陈烟桥、郑野夫、江丰、力群、曹白、林夫等木刻家组织了“全国第二回木刻流动展览会”的上海巡展，并有13幅个人作品参展。还在病中的鲁迅亲临现场参观，仅仅十多天后，溘然长逝。万分悲痛的黄新波前往鲁迅家中吊唁，并与力群一起速写了鲁迅遗容。之后，黄新波与其他青年木刻家一起，参与了鲁迅丧礼的筹备工作，之后又创作了木刻作品《鲁迅先生遗容》和《鲁迅先生葬仪》，以当事者的视角对鲁迅逝世这一重大文化事件进行了及时记录和艺术表现，在中国现代版画史上留下了历史性的痕迹。11月，黄新波又与力群、江丰等人一起，发起成立了上海木刻工作者协会。

一个月后，黄新波撰写了《沉痛的哀思》一文，以纪念鲁迅，并发表在《小说家》月刊上。

1937年4月，黄新波的第一本个人木刻集《路碑》由上海潮锋出版社出版，收入包括《聂耳像》《鲁迅先生遗容》《鲁迅先生葬仪》等30幅木刻作品，此书初版本在北京鲁迅博物馆胡风文库亦有收藏。这本木刻集由胡风与日本进步反战作家鹿地亘分别作序，在序言中，胡风这样写道：

> 新波君的最初的木刻集，快要成书，嘱我写几句话。对于木刻，我只是一个不高明的爱好者，虽研究有心，但并无可供参考的意见，现在能够说的恐怕也只是隔靴搔痒的印象而已。
>
> 我最初看到新波君的作品，是《丰收》的插画，当时得到的印象是几幅画里的作者探取主题的着眼点。不是平板的场景，也不只是人物的“画像”，我们看得出作者努力地想在一幅板面上用线条把那篇用文字抒写的主题现给读者。所以虽然主题依然是原作的主题，但他的把捉角度和表现方法却是自己的，也就是不奴从原作的独创了。那以后，新波君当续有创作，但我没有看到的机会（也许是看到了而没有留心），直到前三个月左右才惊喜地碰着了他的新作《鲁迅先生葬仪》和《鲁迅先生遗容》。在这两幅画里面，尤其是前一幅里面，不管还有些构图上的和刀法上的

失败，但作者是用着充溢的热情刻出了那悲壮的时间。是实写然而并非不动的“静物”，是热情然而是几乎如实的场景。在《丰收》的插画里所看到的萌芽在这里是大大地成长了。

但这回通看了预备收入画集的作品以后，印象就比较地不那么单纯了。作者的主题主要地是民族革命战争，但在走向这条康庄的路径，即采取主题的着眼点上，似乎还有未能调和的矛盾。像《长征》《抗敌归来的义勇军的遭遇》《被牛马化的同胞》等，原是目光坚利，紧站在生活实地上面，但如《祖国的防卫》《为民族生存而战》等，就流于空泛，弄成了没有个性，像标语画似的东西了。我想，后者也许是由于作者被时论所移，想腾空地去把捉大题目的缘故罢。

但这只应作为说明进程上的探索的踪迹，不足为病的。即如就刀法说罢，运用细线时能刻出《长征》《鲁迅先生葬仪》，到运用凯绥·珂勒惠支式的粗线时又能刻出《被蹂躏后》，这，一方面固然说明了作者的独立作风尚未坚实地完成，另一方面不也恰好显出了作者的生气盎然的发展么？这发展，和民族的大众的求生存求进步的斗争一同，更大的成就当在将来。[①]

① 胡风：《新波的木刻——〈路碑〉序》，《评论Ⅰ》，《胡风全集》第2卷，湖北人民出版社1999年版，第462—463页。

在这篇序言中，胡风以历史发展的眼光，指出了《路碑》所收入的黄新波木刻所存在的一些问题和所取得的长足进步，并且看到了这些木刻作品中蕴含着的生机和力量，把黄新波未来的木刻事业和抗日救亡的时代呼声联系在一起，对此寄予了无限期望。而黄新波也在这本木刻集的《自序》中娓娓道来，讲述了自己投身木刻艺术以来的所思所想、所作所为：

> 木刻在中国，它确实受了无限的侮辱与压迫，有的人简直把它看作毒蛇猛兽，而横加无理的摧残与杀害；有的人却蹲在倒塌了的古殿的颓墙下，讥之为雕虫小技，而唯一的目的是在消灭它。然而事实毕竟跟他们所想的完全相反。在诬蔑与杀害之下，中国的木刻正辛苦地，英勇地长出了鲜美的嫩芽。
>
> 成为大众的艺术，本来就是很困难的，它要使人掀起了感情与智慧，直接或间接地去为他们的生存的需要而战取！不然，就等于明窗净几的点缀品，失掉了真正的人生的艺术的意义。因此，就需要作者的生活体验，和技术上的修养了。我自己，惭愧得很，生活体验固然不多，而技术的修养也很欠缺。可是，却未曾把现实看作天空中的白云。由于从小就身受到环境所赐与的种种苦痛，和民族所受的迫害，尤其是在敌人使我们非完全奴隶化不可的今日，使我更不能忽略了这严重的现实。
>
> 时代的巨轮是不停地向前跑，悲壮伟大的事实，

确是令人太受感动了！是一掬热泪，是一团怒火，在我的心头上滚动！虽然自己的技术太稚拙了，不能充分地表露出这世界上的无耻与庄严。但我没有放过学徒的虚心，有时为了一个小小的构图，或一个人物与背景的配置，整整化了几天的时光。就是一根线条，或一块空白，也要草了几次稿。如《长征》，《守望》，及《祖国的防卫》等天空上的线条，足足想象了两三天才敢去动手。

有些人，以为木刻是极容易的事，凭着几把刀子就可以成“家”，急于成名的念头，掩盖了基本的修养。为了遮掩自己的缺点，因而创造出离奇古怪的东西，美其名曰“派”。人家数十年的工作和修养，给他的尖刀削尽。但，要想卖弄一下的假聪明的伎俩，也在此处暴露无余了！

一见到中外的木刻，我就想到鲁迅先生，假如没有他那样勤苦地把新的木刻移植过来，恐怕还没有今日的样子。然而，他不幸逝去了，这不仅在文学上蒙了一个很大的损失，而在中国的木刻运动上也感受到相当的打击！导师逝去，我们的责任也重大起来了！要继续前人跑过的路，和扩大这运动，每一个木刻从事者都必先把创作态度严肃起来！看看邻邦的作家的作品，那切实和精美，我相信，真正从事木刻的人，在他的心里，一定会感觉到有一个洪亮的警钟在敲着的吧。

我曾经在一间美术学校念过八个月书，但习作木刻，已有三年了；也曾刻过百多张，但是翻起来却没有一张比较的令人满意。就是这里面的三十张，也是差强人意地选出来的，只是给自己作一段创作过程的碑记而已。

我诚挚地祈待着朋友们给我有益的教导！①

被牛马化的同胞

胡风文库所藏的6幅黄新波抗战木刻原作，在《路碑》一书中均有收录，分别为《生存线》《铁的奔流》《偷袭》《夜渡》《被牛马化的同胞》和《前线》。其中被胡风所欣赏的木刻《被牛马化的同胞》长11.8厘米，宽8.8厘米，整个画面色调阴沉压抑，天空中的乌云，与广袤的黑土地，均以极为细密的排线构成，进一步加强了画面

① 黄新波:《自序》,《路碑》,潮锋出版社1937年初版,第1—2页。

的质感。画面的正前方,有两个农民模样的人在拉着一匹马艰难行进,这二人一马也用细密的黑色排线绘就。二人只露出侧身,并没有展现给观众真实的面容,但艰难且竭尽全力的姿态却跃然纸上。在他们的右侧,是一辆插着日本国旗且只露出尾部的马车,提示着这两个人牵着马艰难行进的真实原因——被日本侵略者奴役劳作。而画面的远景,则隐隐约约地显出一辆同样插着日本国旗,被人牵引着行进的马车的影子,证明画面前方的两个人的奴役劳作并非个例,而是成群结队。画面中的马匹和拉着马的人色调一致,步伐相同,恰恰回扣了这幅木刻作品的基本主题——人如牛马,也使得这幅画的观众更加揪心沦陷区人民的命运,为日本侵略者的残暴贪婪而愤怒。

另一幅被收入《路碑》的版画原作《夜渡》也颇有特色:画面基调为黑色,以突出夜晚的静谧,只有一弯明亮的月亮悬挂在天空中,形成强烈的反差,天空的微云、两岸的山峦、河水的波浪均以疏密不等的排线构成。画面的最前方,是一个小小的木排,木排上站着五个人,两人撑着木筏,另外三个人拿着步枪,这说明了这五个人夜间渡河的真实目的——乘着月色进行

夜渡

军事袭击。由于是在夜晚，这五个人的面容衣饰并没有被刻画出来，只留下五个矫健而蓄势待发的黑色身影，使得画面的气氛格外紧张。在画面的远景部分，也有一个载着人的木筏，只是轮廓相对模糊，与画面前方的木筏相呼应，表明这是一次集体性的军事行动。这幅作品以简胜繁，以无声胜有声，用独特的艺术手法表现了抗日义勇军的智慧和坚毅。

全面抗战爆发后，原本参与筹备“全国第三回木刻流动展览”的黄新波被迫放下手中的工作，离开上海前往香港，到香港后，黄新波与撤退到武汉的胡风保持通信联系，胡风也在日记中记录下了有关黄新波的相关情况。

> 1938年1月25日 ……从广州来的梅景钿来访，是新波介绍来的。
>
> 1938年1月29日 上午，整理了一些稿子，复新波及其他二人的信。
>
> 1938年2月6日 ……得新波、倪平信。

1938年2月，黄新波离开香港，前往广东普宁，在抗日将领翁照垣领导下的广东民众抗日自卫团干部训练所担任美术和音乐教官。5月，黄新波返回广州，进入夏衍主编的《救亡日报》工作，担任特约通讯员和副刊编辑，并在一个月后加入中国共产党。之后的7月，他又和司马文森等人一起，被派往新成立的军委第四战区政治部第三厅第三组工作，参与《小战报》《抗战画报》等抗敌文艺刊物的编辑,且利用有限的空余时间,为蒲风的诗集设计封面和木刻插图。1938年9月,中华全国木刻界抗敌协会在武汉成立,远在广州的黄新波被选为理事。又过了一个月,广州沦陷,黄新波随政治部撤退到广东北部的连县、曲江等地,继续编辑《小战报》等抗敌文艺刊物。

1939年5月,由党组织安排,黄新波离开广东北部前往桂林,进入广西地方建设干部学校任美术指导员,参与校刊《干部生活》的编辑,并参与创建了《工作与学习·漫画与木刻》杂志。之后,"全木协"从重庆迁到桂林,黄新波和刘建庵、赖少其等人一起,接手了"全木协"的主持工作。其后,"全木协"与中华全国漫画作家协会(简称"全漫协")合办的刊物《漫木旬刊》在桂林《救亡日报》创刊,黄新波担任主编,又编辑出版了《漫画木刻月选》两辑。同时,黄新波利用业余时间,创作了长篇木刻抗日连环画《老当益壮》,在广西文化供应社出版。他还参与组织了以"全木协"名义举办的"纪念鲁迅逝世三周年木刻展览会",以木刻展览的方式对鲁迅未完成的新兴木刻事业进行了宣传。

1940年,黄新波先后在桂林行营政治部战时绘画训练班、逸仙中学、广西艺术师资训练班、桂林美术专科学校任教,与陈残云、黄宁婴等知名文化人士共事,且开设木刻教学课程。当年秋天,黄新波参与组织了"全木协"的"全国木刻十周年纪念展览会",并主持了"全木协"会刊《木艺》杂志的创刊工作,与刘建庵共任主编。次年元旦,黄新波又参加了桂林文协、"全漫协"和"全木协"联合举办的"街头诗画展"。正当黄新波的抗战木刻事业开展得有声有色的时候，皖南事变爆发，在桂林的进步人士的处境变得艰难起来，“全木协”也遭到查封，黄新波不得不离开桂林转赴香港，临行前，他创作了抗战木刻名作《他并没有死去》，以此纪念在皖南事变中牺牲的革命烈士。

1941年2月，黄新波几经辗转抵达香港，参加了“全漫协”香港分会的活动。4月，进步报纸《华商报》在香港创刊，黄新波与郁风、特伟等人一起担任副刊美术编辑。此外，黄新波还在《木艺》、《大众生活》周刊、《笔谈》半月刊和《时代周刊》等刊物发表了大量抗敌美术作品，又和特伟、郁风、丁聪、胡考等同仁一起，组织编印《团结抗战大画史》，但不幸的是，由于太平洋战争爆发，香港被日军攻陷，此书的全部资料毁于战火，未能获得出版。

1942年2月，黄新波秘密离开香港，穿过封锁线，取道澳门、台山重返桂林，此时的黄新波没有固定职业，先后在桂林榕门美术专科学校和画家阳太阳开办的初阳美术学院短期授课谋生，并兼以木刻创作的稿费贴补家用。他为桂林雅典书屋创作宣传抗日的木刻作品，先后为海涅诗集《梦的画像》、鲁迅译作《坏孩子和别的奇闻》以及杂志《诗》《少年之友》等设计木刻封面和插图。此时的胡风也从香港撤退到了桂林，在他的日记中，也有黄新波协助设计书籍封面的记录。

1942年9月14日 ……彭燕郊、林焕平、于逢、新波来。

1942年12月17日……与汉霖一道访新波。

1943年1月30日……新波、特伟等来。

1943年1月31日……新波送来《郭素娥》封面木刻。

1943年2月14日……新波来。

胡风日记中所提到的"《郭素娥》",即路翎创作的中篇小说《饥饿的郭素娥》。在设计书籍封面和插图之外,1942年12月,黄新波又与特伟、郁风、杨秋人、盛似君、温涛等人联合举办大型画展"香港的受难",以太平洋战争中经历的流亡生活为主题,选送了13幅个人参展作品。1943年7月,黄新波继续与余所亚合办了"夜萤画展",有70幅左右的个人作品参展,之后又为桂林春草书店编辑了"春草画丛",其中便包括自己的个人木刻集《心曲》。

1944年7月,由于湘桂地区战事失利,桂林告急,黄新波离开桂林,乘火车前往柳州,接着便在柳州与梁永泰举办了联合木刻展。此后的9月,黄新波在广西宜山进入英国东南亚盟军心理作战部工作,先后转战于贵阳、昆明等地,以绘制反战宣传画的方式对日军进行策反宣传,直至抗战结束。

1945年夏,黄新波在昆明与康朗合办"动静画展",展出以抗战为主题的木刻、漫画、速写等作品130余幅。抗战正式结束后,黄新波返回香港,进入杜宣负责的大千印刷出版公司工作,参与《大千画报》的编辑。1946年1月,《华商报》在香港复刊,黄新波出任外勤记者，还负责报纸的美术设计和插图绘制工作。6月，黄新波与符罗飞、黄蒙田、陆无涯、梁永泰、陈雨田、萨一佛等人发起成立“人间画会”，这个画会日后发展成为抗战结束后香港地区进步美术事业的重要团体组织。10月，何香凝携带“抗战八年木刻展览会”的部分作品到香港交给黄新波，这些木刻作品在12月便以“鲁艺木刻展览会”的名义展出，展出作品200余幅。几乎同时，黄新波又与华嘉、陈实、黄宁婴、黄蒙田等人发起组织“人间书屋”，出版文艺创作、文艺译作与理论书籍，并自任出版物的装帧设计工作。

1947年春天，黄新波离开《华商报》，全力投入到人间画会的相关工作中，此后两年，人间画会迸发出惊人的力量，先后组织了“王琦画展”“黄永玉画展”“特伟、陆无涯、方菁、盛此君、陈雨田、新波六人画展”“廖冰兄漫画展‘猫国春秋’”“张光宇漫画展‘西游漫记’”“符罗飞画展”“吴霭凡画展”等，又和香港中外文艺联络社、“全木协”在香港宇宙俱乐部联合举办了“第一届全国木刻画展”，在香港地区产生了很大影响。黄新波还担任了香港《大公报·新美术》双周刊和《文汇报·漫画周刊》的主编，进一步担负起进步美术的宣传工作。这一时期的黄新波开始尝试油画创作，并尝试采用现代主义的艺术手法，在当时的文艺评论界引起了一些争议，但黄新波并不因为外界的议论影响自己的艺术探索，在油画创作上确立了自己的风格特色。

1949年，是黄新波个人发展突飞猛进的一年。1月，人间画会在香港思豪酒店举办了“新波画展”，展出他所创作的木刻、油画100余幅。一个月后，黄新波又主持了人间画会“春季画展”，展出40余位画家的油画、木刻、素描、漫画300余幅。收录33幅美术作品的《新波画册》也在这一年由香港殷社出版。5月，黄新波和黄蒙田、王琦、余所亚等人一起，执笔写成长文《我们对于建立新美术的意见》，准备迎接全国解放。两个月后，第一届文代会在北京召开，黄新波当选为香港区代表，但因交通不便未能到会，又被会议推选为理事。之后，黄新波进入东江解放区，并于当年10月随部队进入广州，担任广州军事管制委员会文教接管委员会文艺处美术组组长，参加接管广东省、广州市艺术专科学校。

建国后，黄新波的工作更加忙碌。主持编辑出版了《华南画报》《广东画报》《广东美术作品选集》《广东民间剪纸集》《广东历代名画家选集》等美术书籍和刊物，创作了大型革命历史油画《广州起义》和版画《年青人》《横断南海》《继续站起来》。就在黄新波全力以赴投入工作的时候，“文革”开始了，在艰难的岁月中，黄新波凭着对鲁迅的怀念，完成了木刻组画《鲁迅诗意》，以寄托自己心中的信念和对艺术的热情。恢复工作后，又出版了个人版画集《春华散记》和《新波版画集》。1980年，他在木刻创作过程中因心血管瘤破裂而骤然去世，临终前，手里还紧握着创作时所用的木刻刀。

（原载于《收藏家》2022年第8期）

马达:木刻“怪人”的执着耕耘

在北京鲁迅博物馆胡风文库所收藏的美术作品中,含有著名版画家、美术教育家马达所创作的17幅抗战木刻版画(16幅原作和1幅印刷品)。这些版画线条细腻、造型大方,带有鲜明的现场感和动态冲击力,表现出强烈的时代气息。这是版画家马达在战火纷飞的艰难岁月中留给后人的一份馈赠,他以刀为笔,忠实记录下整个民族在国难当头之际的种种伤痛、愤怒和不屈不挠的反抗。

马达,原名陆诗瀛,1904年5月9日出生在广西北流县的一个普通农民家中,自幼性格沉默,但酷爱美术,即便在放牛时也还是拿着小刀和木头雕刻各种艺术形象。1922年,进入北流中学进行学习,在学校里,他勤奋努力,并表现出了出众的美术才华,引起了家族亲友们的注意。1925年,在伯父和众多亲友的资助下,进入广州市立美术学校学习西画。在广州,他结识了一些共产党人，并开始接受马列主义的思想。大革命时期，由于其富于正义感、具有进步思想且身负美术专长，很快便成为学生运动的骨干，投入到各种革命活动中。大革命失败后，参加了由张太雷、叶剑英等人领导的广州起义，担负起抄写标语、暴动宣言、文告和传单等宣传工作，并直接持枪投入到起义战斗中。在一次巷战当中，腹部受了枪伤，不得不撤退转移至汕头隐蔽，在赤卫队的帮助下就医疗伤。广州起义失败后，反动当局大肆捕杀参加起义的民众，为了躲避追捕，和堂弟陆诗津按照地下党的指示化装乘轮船前往上海。抵达上海后，陆诗瀛正式启用了“马达”这个名字，开始了新的革命艺术人生。

1928年，待枪伤痊愈，马达考入上海新华艺术专科学校专攻西画，这所艺术学校精英荟萃，黄宾虹、张善孖、王个簃、吴湖帆、唐云、关良、倪贻德、诸乐三等著名画家先后在此任教。在新华艺专，马达质朴依旧，他对学校中醉生梦死的纨绔子弟和热衷小情小调的鸳鸯蝴蝶派不以为然，终日衣着简朴，以饱满的政治热情深入社会底层，并于1928年冬天加入了中国共产主义青年团。1930年2月，马达参加了鲁迅领导的中国自由运动大同盟，之后又参与“美联”的组织创建工作，且出席了“美联”的成立大会。“美联”以许幸之、沈西苓等人创建的时代美术社为基础，联合上海美专、新华艺专、杭州艺专、中华艺专等学校和白鹅绘画研究所(原白鹅画会)的进步美术家们所组成，接受中国左翼文化界总同盟的领导，内分几个活动小组，以飞行集会、散发传单、秘密印刷画报及绘制宣传画等方式进行革命舆论工作。1931年，马达加入了中国共产党，且一度出任“美联”的党团书记。这一年，马达从新华艺专西洋画系毕业，开始用木刻的方式参与鲁迅所倡导的新兴版画运动。当时的国民党反动当局实行“文化围剿”，“美联”活动不得不转入地下，以一般美术社团的名义开展活动。1932年5月22日，马达、胡一川等人在鲁迅的帮助下成立了“春地绘画研究所”，又称“春地画会”。“美联”的地下活动，最初以“一八艺社”为据点，之后便以“春地画会”为掩护。但仅仅两个月后，“春地画会”遭到查封，艾青、江丰、力扬等10余人被捕并被判刑。同年8月，马达联络了一批没有被捕的“春地画会”会员，成立了“野风画会”，该画会以鲁迅为掩护，请蔡元培为画会题写了匾额。10月26日，“野风画会”邀请鲁迅到画会作了题为“美术上的大众化与旧形式问题”的著名演讲。1933年2月，马达联合北京、苏州、无锡、杭州等地美术学校的学生举行“为援助东北义勇军联合画展”，以义卖展品的方式为东北义勇军募款。鲁迅亲自参观了此次展览，订购了展出的许多木刻作品，并选出一部分作品，交给法国友人送到巴黎进行展览。两个月后，“野风画会”搬家后更名为“大地画会”，马达经常来到画会，在主持“美联”工作的同时对每个会员的艺术创作予以具体指导，并向会员们介绍普罗艺术理论，还经常带着会员们去工厂和棚户区写生、搜集素材。7月，马达参加在黄浦滩举行的欢迎法国巴比赛调查团的群众集会，因叛徒告密而不幸被捕，在狱中受到严刑拷打，但始终严守党的机密。出狱后的马达无正式职业，生活窘迫，经常穿着一身带着汗渍的旧蓝布长衫，宛如小杂货铺中的穷店员，但他仍然坚持留在上海帮助进步青年学习木刻，同时坚持进行漫画和木刻创作，以微薄的稿酬支撑自己的日常生活。11月，马达又发起组织了“涛空画会”，画会成立后，即与上海进步美术团体联合筹备宣传抗日的“国难画展”，不幸又被国民党当局察觉，青年木刻家夏朋（姚馥）、钱文兰等人因此被捕，画会又遭查封。1934年，马达又和沃渣等人发起组织了“暑期绘画研究会”，因为当局的阻挠，这个研究会仅仅存在了一个多月就不得不终止活动。此时，上海的进步木刻团体已经被查封殆尽，马达不得不困守于亭子间，全身心地投入到木刻创作当中。然而，由于不得不停止了各种社会活动，马达的精力反而得以集中，进而释放出积累沉淀已久的艺术才华。因为艺术水准的不断提升，马达的木刻作品开始越来越多地发表在《读书生活》《现代杂志》《申报》《永生》及《文学》等进步报刊上，逐渐开辟了自己在木刻界的一席之地，有了自己的声望和风格。1935年春，马达携带自己的木刻作品，到内山书店面见鲁迅，请求鲁迅的指教，马达后来在回忆文章中这样提及这次会面：

……记得一九三五年的春天，我性急地把十几张刻的还不怎么象样的东西收集在一起，企图拿去找地方出版。可是人家不肯印，要印就得请鲁迅写序文或题字。这使我感到局促，象那样的东西怎好找鲁迅先生写序题字呢？犹豫了好些天，由于发表欲的冲动与伙伴们的从旁鼓励，我终于鼓起勇气找鲁迅先生去了。我夹着木刻集的样本避过坏人的眼睛，徒步绕了几段弯路，走了半天到了北四川路内山书店。恰好碰到鲁迅先生在。鲁迅先生与内山先生分坐在一张桌子的两旁，好象在闲谈什么。坐在旁边的还有内山夫人，我走近鲁迅先生跟前即与打招呼，同时把木刻本子递给他。他还来不及接本子便站了起来。他把本子接过去并不坐下，也没有叫我坐下，因为旁边没有多余的椅子。他一直站着和我谈话，同时把木刻本子一页一页地打开看，看得很仔细，从内容到技法凡有缺点的地方都给我指了出来。他看完了，又一页一页地翻给内山先生看。他们边看边说笑，但不知道说的什么、笑的什么。他们说的是日本话，我一句也听不懂。我只注意他们的神色，看看他们有没有鼓励我出版的意思。这时，内山夫人乘机把糖果递过来，但我没有兴趣吃糖果，只愿意听见鲁迅先生说一句让我出版木刻集的话。我虽然没有直说要出版及请他写序文，但那明明是一本准备出版的样子，谁一看就知道是什么意思。样本拿给他看，他自然也会意会到要找他写序文。可是鲁迅先生终于没有这个表示。我该失望了吧，不，我被他的真诚感动了。不鼓励我出版，我并不感到失望，我只埋怨自己太性急，没有很好地遵照他的意旨耐心地学习。他双手捧着本子还给我，他已经发觉了我的急性病吧。他最后慈祥地嘱咐一句:“慢慢刻，不要忙。”我点头告辞了。出了门，那“慢慢刻，不要忙”的声音，一直缭绕在我的耳边。久久地，久久地，在我耳边回响着……[①]

1936年8月，陆地、陈可默发起组织了“刀力木刻研究会”，马达担任了这个研究会的艺术指导，培养了杨可扬、孙风、王漫恬等木刻新人。10月19日，当马达准备再度拜访鲁迅受教的时候，却得到了鲁迅逝世的噩耗:

一九三六年，正是我搞木刻最兴奋的时候，我以常想什么时候把作品收集收集，再送给鲁迅先生看看。但又觉进步不大，有点不好意思去找他。终于有一天我鼓起勇气去找了。这一天我永远也不会忘记:这一天是一九三六年十月十九日。

十月十九日早晨，我夹着一卷木刻走在了施高塔路上，我心中起着各种复杂的感情。我在设想着我和他见面时的情况。在离鲁迅的住处不远的地方，远远地看到了力群拖着沉重的脚步迎面走来。平时大家

① 马达:《难言的悲痛》，《余晖尽撒在人间——纪念马达同志百年诞辰》，天津美术家协会、天津市解放区文学研究会编印，2003年版，第2—3页。

见了面，远远就要打招呼的，可是这次却例外。我心里想：出了什么事吧，我想不到会发生什么重大的不幸，以为是遭到了坏人的迫害。因为当时木刻家时时刻刻都有遭坏人迫害的可能。我们走近了，力群用低沉的声音说："正要找你。"没有来得及等我问声有什么事，他就接着说："鲁迅死了！走，到他家去。"我心里突然一跳，若遇晴天一霹雳。我说不出什么，一转身我们俩人就默默地往大陆新村走去，走进了鲁迅先生的卧室，鲁迅先生已静静地躺在床上。[①]

在吊唁现场，马达怀着沉痛的心情为鲁迅遗容作了素描。10月22日，马达和其他青年木刻家一起，抬着鲁迅的巨幅遗像走在送葬队伍的前列，到万国公墓参加了鲁迅葬礼。3天之后，马达的素描《鲁迅先生像(遗容)》发表在《读书生活》杂志的封面上，抒发了画家的无限哀思。同年11月，马达和江丰、沃渣、黄新波、力群等34位新兴木刻家积极筹备"上海木刻工作者协会"，得到了大多数木刻家的响应支持。

1937年7月，七七事变爆发，全面抗战正式打响。8月13日，日军向上海、吴淞等地疯狂进攻，淞沪会战开始，中国军队在战斗中殊死抵抗，涌现了大量可歌可泣的英雄事迹。马达亲身经历了

---

① 马达：《难言的悲痛》，《余晖尽撒在人间——纪念马达同志百年诞辰》，天津美术家协会、天津市解放区文学研究会编印，2003年版，第3—4页。

淞沪会战的战火洗礼，为中国军民的爱国精神和勇敢气质所深深感动，这也为他日后的木刻创作提供了大量的灵感和素材。1938年初，由于上海沦陷，马达和一大批爱国的进步木刻家转赴武汉，在这里开始了新的木刻事业和革命征程。

马达到武汉后，与著名诗人、文艺理论家、《七月》杂志的编辑者胡风结识，旋即投入由胡风主持策办的“抗敌木刻画展览会”的筹备布展工作中。该展览于1938年1月8日在武汉民众教育馆开幕，是抗战期间在国统区展出的第一次全国性的木刻展览会，一共展出3天，观展观众约6000余人，在当时产生了很大影响，鼓舞了民众的抗战热情。胡风在开展当天的日记中，记录了马达参与展览筹备工作的情况：

> 1938年1月8日　晨，被艾青等敲醒，跳起来就吩咐买东西，布置会场。共布满上下两室。照料的有江烽、艾青、田间、王淑明、李又然、萧军夫妇、端木、马达、宛君等。到一时，抢着布置好了。观众越来越多，中间夹杂不少赶热闹的。今天大概有一千多人的样子。

马达在武汉的活动，引起了时任国民政府军委政治部第三厅第六处（艺术宣传处）少将处长田汉的注意，因此他委派已在第三厅工作的木刻家卢鸿基和罗工柳出面与马达联系，邀请马达进入第三厅就职，以便开展成立中华全国木刻界抗敌协会和筹备举办全国性的木刻展览会的工作。然而，当马达随卢鸿基、罗工柳二人到第三厅与田汉会面的时候,却提出了两个条件:一是不来第三厅坐班,二是所做的所有工作都不以第三厅的名义出现。田汉尽管为难,但还是答应了马达的所有要求,以少校的军衔给马达在第三厅挂了名,并支付了高额薪水。后来,马达又让力群去第三厅上班,马达本人则把全部精力都放在了"中华全国木刻界抗敌协会"的工作上,力群也将每月在第三厅领到的高额薪水拨出一部分,用来支付马达的活动经费和生活费用。虽然最终结果是田汉、马达、力群三人皆大欢喜,但马达为何如此大费周章地回避与田汉和第三厅的直接联系,则颇令人玩味。在1938年胡风日记中有关马达的记述中,或许可以透露一点端倪:

> 1938年3月16日 ……二时到马达处开木刻座谈会,说了几句话。
>
> 1938年4月1日 ……不久,马达同一位木刻青年来,谈到田汉向他摆官架子。
>
> 1938年6月8日 ……马达来,为木刻协会捐去了三元。

或许是田汉"盛气凌人"的官方姿态,引起了性格执拗、向来以艺术气质自负的马达的不快,故而尽力回避进入第三厅这样的正式官方机构开展工作。但是,疏远了官方机构的马达却从未疏远抗战宣传和木刻艺术,依托着各种民间组织,马达的木刻推广工作照样干得有声有色。1938年4月16日,马达和罗工柳等人发起成立了“武汉木刻人联谊会”，他们广泛与全国各地的木刻家进行联系，散发举办抗战木刻展览会和成立全国性木刻组织的通知，很快得到了百余位木刻家的响应。两周多后，“全国抗战木刻展览会”在商会大礼堂举行，同时，“中华全国木刻界抗敌协会”筹备会也在这次展览会上成立了。6月6日，“中华全国美术界抗敌协会”在武汉隆重成立，马达、力群和李桦先后起立发言，指出了木刻对抗日宣传工作的作用和贡献，引起了与会代表们的关注，在投票选举中，这三位抗战木刻家均当选为理事，同时当选为理事的还有徐悲鸿、林风眠、丰子恺、潘天寿、叶浅予等著名画家。6月12日，“中华全国木刻界抗敌协会”在武汉成立，该会包含会员101人，实际到会50余人，会员们一致推选马达为主席，却被马达以乡音过重、不利于组织工作的原因当场辞谢，并保举力群出任主席，马达自己则与赖少其、罗工柳、陈烟桥等20余人当选为理事。这是中国新兴版画运动中，首次成立的全国性木刻组织。

在武汉期间，马达除了忙于抗战、木刻的宣传推广工作，也积极地进行着抗战木刻艺术创作，他在上海时所亲历的淞沪会战的种种场景，也被一刀刀地刻画在木板之上。在这一时期，马达创作了《轰炸出云舰》（又名《以轰炸还轰炸》）、《壮烈的牺牲》（又名《建功而返，英雄殉国》）、《抗敌军的防御战》（又名《圣地卢沟桥》）、《和平纪念塔》、《五卅烈士墓》等一批宣传抗日救国的木刻佳作，兼具时事性和艺术性，在当时产生了很大影响。

胡风文库保存的《轰炸出云舰》原作，长18.4厘米，宽12.8厘米，取材于淞沪会战期间中国空军重创进犯上海的日本海军第三舰队旗舰"出云舰"的英雄事迹。"出云舰"是一艘在日本侵华史上屡次充当急先锋的装甲巡洋舰，由日本海军利用中日"马关条约"的赔款向英国阿姆斯特朗公司订购，于1898年开工建造，历时两年多方竣工完成。"出云舰"由日本海军接收回国后，很快参加了日俄战争和第一次世界大战。1932年1月28日，日本在上海挑起一·二八事变，"出云舰"被编为日本海军第三舰队的旗舰，策应日军的陆上侵略活动，"出云舰"凭借坚船利炮，造成中国军民的巨大伤亡。1937年七七事变后，淞沪会战打响，"出云舰"再次作为日本海军第三舰队的旗舰进犯上海地区。面对着这艘对中国军民犯下累累罪行的凶悍敌舰，中国空军殊死战斗，先后在3天时间里出动轰炸机群对"出云舰"进行了多次轰炸，重伤了这艘不可一世的敌舰，极大地鼓舞了抗战军民的士气。

轰炸出云舰

马达的这幅抗战木刻名作，即记录刻画了中国空军对"出云舰"实施轰炸的历史性场景。在画面中，马达大量地使用排线来强化空中的云层、爆炸造成的冲击波和起伏的波浪，并有意识地压低了整个画面的天际线，凸显出画面氛围的紧张压抑和结构布局的扭曲动态。画面上方的云层里，两架造型已被极度简化的飞机正在徘徊，下方悬挂日本海军旗帜的“出云舰”已经大幅倾斜，船舱中的敌人也惊慌失措地冲向甲板。在画面右侧的角落里，几栋高楼远远地伫立着，见证着战斗的激烈和残酷，这处看似闲笔的简略描绘，其实是在告诉观众，这场战斗就发生在离上海外滩不远的江面上，昔日繁华的上海，正处于日寇的步步进逼之下。这幅木刻作品以强烈的新闻纪实性和高度集中概括的艺术手法，引起了当时艺术评论界的关注，它不仅参加了在武汉民众教育馆举办的“抗敌木刻画展览会”，也在《新华日报》上获得了刊登发表，起到了很好的抗日宣传和艺术教育的作用。

1938年夏秋之际，由于日军的围攻，武汉战事告急，在武汉沦陷前，马达婉拒了军委政治部部长陈诚邀请他转赴重庆工作的提议，而是和冼星海等艺术家一道踏上了前往延安的路途。10月，马达抵达延安，任教于鲁迅艺术学院美术系，之后，美术系又成立了“木刻研究班”，由马达一个人负责教学工作。就是在这个研究班上，马达培养了古元、彦涵、张映雪、陈因等一大批日后享有盛誉的木刻家，为解放区木刻运动的发展作出了重大贡献。初到延安，马达不仅在培养木刻人才方面成绩斐然，还设计了新四军臂章，并继续创作了大量优秀的木刻作品，如《冼星海像》《高尔基像》《白求恩像》《为自救而战》等，这些木刻作品不仅在早期的《新中华报》上获得发表，扩大了马达在解放区的木刻影响力，其原作也经由某些渠道，送到了远在国统区进行进步文艺宣传工作的胡风手中，故而在今天的北京鲁迅博物馆胡风文库，还能看到这些马达在延安早期创作的木刻精品。

胡风文库保存的《冼星海像》，长13.5厘米，宽9.4厘米，对创作了《黄河大合唱》的人民音乐家冼星海的形象进行了精心刻画。在画面中，马达并没有对冼星海的具体外貌特点进行详细描述，而是敏捷地把握住了冼星海陶醉于音乐、执着于音乐的投入状态。画中的冼星海围着围巾，戴着棉帽，双目微闭，一手执笔，一手执五线谱纸，正在专注地进行谱曲，其头顶上方刻画的五线谱片段、手中的五线谱纸以及桌上所铺的花纹形似五线谱的条纹桌布，共同为整个画面营造出一种流淌着的、乐曲般的韵律感，强化了冼星海的身份特征，活画出音乐家对于音乐事业的纯粹和虔诚，增加了整幅作品的抒情氛围。

冼星海像

1941年，茅盾也来到延安，期间到鲁艺对马达进行了多次拜访，马达深沉厚重的艺术气质和浪漫不羁的生活方式，给茅盾留下很深的印象，在后来发表的回忆文章中，茅盾这样描写马达：

门前两旁，留存的黄土层被他削成方方整整下广上锐的台阶形，给你扑面就来一股坚实朴质的气氛，斜阳的余晕从对面山顶淡淡地抹在这边山冈的时候，我们的马达如果高高地坐在这台阶的最上一层，谁要说这不是达·芬奇的雕像，那他便是没眼睛。白木的门框，白木的门；上半截的方格眼蒙着白纱。门楣上刻着两个字：马达。阳文，涂黑，雄浑而严肃，犹似他的人。

但是门以内的情调可不是这般单纯了。土质的斗型的工作桌子，庄重而凝定，然而桌面的二十五度的倾斜，又多添了流动的气韵。后半室是高起二尺许的土台，床在中心，四面离空，几块玲珑多孔的巨石作了床架，床下地面繁星一般铺了些小小的石卵，其中有些是会闪耀着金属的光辉。一床薄被，一张猩红的毯子，都叠成方块，斜放在床角。这一切，给你的感觉是凝定之中有流动，端庄之中有婀娜，突兀之中却又有平易。特别还有海洋的气氛，你觉得他那床仿佛是个岛，又仿佛是粗阔的波涛上的一叶扁舟。

然而这还没有说尽马达这“屋子”的个性。为防洞塌，室内支有木架，这是粗线条的玩意。可是不知他从哪里去弄来了一枝野藤(也许不是藤，总之是这一类的东西)，沿着木架，盘绕在床前头顶，小小的尖圆的绿叶，缨络倒垂。近根处的木柱上，一把小小的铜剑斜入木半寸，好象这是从哪里飞来的，铿然斜砍在柱上以后，就不曾拔去。

朝外的土壁上，标本似的钉着一枝连叶带穗的苗

> 壮的小米。斗型的工作台上摆着全副的木刻刀，排队一般，似乎在告诉你：他们是随时准备出动的。两边土壁上参差地有小洞，这是壁橱，一只小巧的表挂在左边。一句话，所有的小物件都占有了恰当的位置。整个构成了媚柔幽娴的调子。
>
> 巨人型的马达，就住了这么一个"屋子"。一切都是他亲手布置，一切都染有他的个性。他在这里工作，阔嘴角斜叼着他那硕大无比的烟斗。他沉默，然而这象是沉默的海似的沉默。他不大笑，轩动着他的浓重的眉毛就是他代替了笑的。①

在艺术上精益求精的马达自然不会满足于已然取得的木刻创作成绩，在延安期间，他对陕北的年画、剪纸等民间艺术产生了极大的兴趣，还经常登山去观摩附近的古代摩崖石刻。1942年5月，马达参加了"延安文艺座谈会"。会后，马达把长期学习中国古代艺术和民间传统艺术的体会融入到了实际的木刻创作中，其木刻作品也逐渐摆脱了长期以来的欧化风格，构图和线条都变得简约凝练，活泼自然，开始具有了民族特色和乡土气息。这一时期，马达创作了《推磨》《汲水》和连环画《陶端予》等颇具陕北地方特色和民间风情的木刻作品，成为中

---

① 茅盾：《马达的故事》，《余晖尽撒在人间——纪念马达同志百年诞辰》，天津美术家协会、天津市解放区文学研究会编印，2003年版，第16—17页。

国版画本土化、大众化过程中的代表性佳作。

抗战胜利后，马达先是和江丰、艾青等人一起，参加了“华北文艺工作团”，赴张家口开展工作。之后又担任过中央党校文艺工作室美术组副组长、文联美术工场主任、华北大学教师等职务，辗转于延安、晋冀鲁豫边区、石家庄等地。在这段时间里，马达不仅负责《人民日报》画刊的编辑工作，还继续发表了不少木刻作品，进一步提高了自己的木刻技艺。

1949年1月，天津获得解放，马达率领美术工作队进入天津。进城后的马达积极团结陈少梅、刘子久、刘奎龄等天津本地画家，鼓励他们继续为新社会服务，并关注过问了“杨柳青年画”“泥人张”等天津民间传统艺术的发展情况。1949年11月，“天津美术工作者协会”正式成立，马达当选为主任，陈少梅、刘子久、刘奎龄等人为副主任。自此，天津美术界正式组织联系在一起，以社会团体的身份发挥新的作用。

1950年至1953年，马达多次随志愿军部队到朝鲜前线进行采访写生，期间多次遇到危险，但马达不畏艰险，始终保持高昂的斗志和强烈的热情，在今天的鲁迅博物馆胡风文库，还保存着一封马达、彦涵于1953年就赴朝鲜前线一事写给胡风的信件。马达内心的期待，在信中可见一斑。

胡风同志：

解放军文化部张桂同志嘱我们转告您关于去朝鲜问题已经得到解决，大约是我们同行。请您再直接和他取下连系，走期不远，可能在廿三四左右。

这次我们能和您同行，至为高兴。想可从您那里得到许多帮助。

再见，此致

敬礼！

八月十九日

当时的胡风正在东北大赍采访志愿军伤病战俘，本计划与马达等人一起前往朝鲜，但因停战协议的签订，去朝鲜采访一事也最终未能成行。抗美援朝战争结束后，马达担任中国美术家协会天津分会主席和《版画》杂志的编委，在他的支持下，天津的美术工作有声有色地开展起来。马达不仅鼓励天津民间艺人们积极进行创作，还着力培养工人中的美术人才。与此同时，马达也开始了对砖刻艺术的探索和实践，创作并发表了《屈原像》《鲁迅像》《杜甫像》等砖刻作品，这些作品吸收了汉魏六朝画像砖艺术的养分，反映了马达在人生后期的一些艺术反思和感悟。

“文革”开始后，马达被迫抱病举家迁往天津郊区。在万般困难的处境中，马达依然坚持泥塑创作，还热心培养农民中的美术人才。1978年，马达因肺病在天津去世，他逝世后终享哀荣，全国文艺界的多位领导和画家发来唁电，全天津的400余位各界代表参加了他的追悼会。

（原载于《上海鲁迅研究》2022年总第93辑）

力群：质木中的烟火气

在北京鲁迅博物馆所藏的木刻版画作品中，力群的版画作品相对来说是数量较多的，共有木刻版画单幅作品54幅和原拓木刻版画集2种。这些木刻版画的创作时间上至20世纪30年代中期，下至20世纪80年代早期，跨度长达40余年，充分体现了力群复杂深厚而又丰饶多产的木刻历程。与其他抗战木刻家不太一样的是，力群的木刻作品在刻画时代风云的同时，从一开始就表现出对普通人日常生活的关注和对世俗人生的无限向往，故而有一种朴实温厚的烟火气息。这种"面朝大多数，面向普通人"的艺术追求，不仅贯穿了力群并不寻常的百岁人生，也使力群的木刻具有真诚质朴、深入人心的力量。

1912年，力群出生在山西灵石县郝家掌村一户殷实的商人家庭中，原名郝丽春，自幼受曾为乡村画家的伯祖父影响，对美术产生了浓厚兴趣。1923年，力群从灵石县道美村第三高级小学毕业后，进入太原成成中学学习，因绘画天赋得到美术老师赵缵之的赏识，赵缵之曾留学日本学习油画，在当时以水彩风景画闻名太原。年少的力群在他的指点下，认真学习了写生和水彩的相关技巧。1931年夏天，打算在美术道路上进一步发展的力群，离开太原赴杭州投考国立杭州艺术专科学校，开始接受专业的美术教育和训练。

不久，九一八事变和上海的一·二八淞沪抗战相继爆发。国家的失地之痛与亡国之危，让年轻的力群深受刺激，他在学画之余，开始与东北流亡的进步青年们进行交往，并阅读了胡愈之的《莫斯科印象记》、林克多的《苏俄见闻录》以及《一八艺社习作展览会画册》等进步书刊，对革命逐渐产生了向往和希望。1932年夏天，力群认识了影响他一生的好友——曹白。①

曹白原名刘萍若，江苏常州人，刻苦好学而又乐于助人，在学生中颇有美誉，力群与他一见如故，成为莫逆之交。当时的曹白已加入共产主义青年团，成为共产主义的信仰者，在他的影响下，力群也开始阅读《铁流》、《毁灭》、卢那卡尔斯基和普列汉诺夫的《艺术论》等，并和曹白一起欣赏梅斐尔德和珂勒惠支的版画作品，逐步产生了对木刻这种新兴艺术的兴趣。② 1933年2月，力群与刘萍若（曹白）、叶乃芬（叶洛）、孙功炎、萧传玖、洪天民、叶寒玉等

---

①② 齐风阁：《力群传》，吉林美术出版社1991年版，第17页。

同学组建了木刻团体“木铃木刻研究会”，尝试进行木刻的研究和创作。两个月后，由“木铃木刻研究会”组织的木刻展览会便在杭州艺专孤山本校的第六教室开幕，且配合展览手工拓印了120册《木铃木展》画册，这是杭州地区第一个木刻展览会，展出木刻作品67幅，吸引了众多观众，画册也在短短的两个小时内被销售一空。[①]力群的木刻作品《生路》参加了此次木刻展览并入选了《木铃木展》画册，虽然这幅木刻作品尚属习作，有着浓厚的模仿气息，但毕竟是力群在探索木刻艺术上所踏出的第一步，具有里程碑般的意义。6月15日，“木铃木刻研究会”又与“白杨绘画研究会”在杭州民众教育馆举办了联合展览，一共展出画作200余件，并出版了《木铃木刻集》，力群的木刻作品《病》和《午餐》也参加了这个展览并被选入《木铃木刻集》。“木铃木刻研究会”的会员们将《木铃木展》与《木铃木刻集》都寄给了鲁迅，它们都被妥善保留下来并收藏在今天的上海鲁迅纪念馆。当年暑假，力群与曹白抵达上海，到“上海世界语者协会”学习世界语，与胡绳、叶籁士等进步人士在此相识。其后，力群与曹白又返回杭州艺专，参加了“美联”，并在美联的推动下在学校举办了“世界语学习班”。就在力群与曹白的进步美术事业不断发展的时候，“木铃木刻研究会”的活动遭到了杭州艺专训育主任张彭年的忌恨，在他的告发下，力群、曹白和叶洛三位“木铃木刻研究会”成员被逮捕，并以组织“普罗艺术

① 齐凤阁：《力群传》，吉林美术出版社1991年版，第20页。

之团体”的罪名被判处有期徒刑两年六个月。遭此无妄之灾,力群刚刚上手的木刻艺术创作不得不中断了。

1935年1月,力群在先期获释的曹白的营救下出狱,但却被开除了学籍,无法再继续学业,只得到上海来投奔已在新亚中学任教的曹白。待业期间,力群创作了《三个受难的青年》《在病床边》《春》等木刻作品。此后,在曹白的介绍下,力群与曹白妹妹刘萍杜相识相恋。5月,力群在上海景艺广告公司找到了一份绘图员的工作,并与刘萍杜正式组建了家庭。然而,好景不长,两个月后,因为公司倒闭,力群不得不带着新婚的妻子返回太原,在安顿好妻子后,力群在太原加入了中共地下党员杜任之领导的“艺术通讯社”,出任《文艺舞台》杂志的美术编辑。这一时期,力群在太原的进步文化界很是活跃,在太原世界语者韩白罗的支持和帮助下,他不仅在太原中山公园“太原公会”内举行了“力群个展”,展出各类画作73幅,还积极为各类报刊投稿,从此把“力群”这个笔名作为了正式名字。在此期间,力群有《拾垃圾的孩子们》《寒夜里的清道夫》《抵抗》等木刻作品问世,并与鲁迅、李桦等人开始通信。1936年5月21日,茅盾响应高尔基的倡议,将这一天定为“中国的一日”,并向全国征稿,力群则根据这一天在太原郊外的亲眼所见,刻制了《采叶》投稿应征。

现存于胡风文库的这幅《采叶》原拓作品长15.9厘米,宽12.2厘米,画面的中央,是一位盘着发髻、系着围裙的劳动妇女,正抬头举臂,挽着袖子去摘垂下的树枝上的叶子,在她左侧的则是一个把篮子举过头顶的女孩,预备去接妇女采下的树叶。画面的左下角则以粗重的黑色字体标明了这幅木刻的应征缘由——“中国的一日”的具体日期——1936.5.21。画面上的采叶妇女侧着身子，姿态干练而生动，但面容却模糊而黯淡，笼罩在一片阴影之中，在一旁举篮子的女孩面向观众，但她脸上的表情也是茫然无助，并没有儿童特有的灵动和活泼。二人并不明媚的神态，使整个画面充斥着低沉压抑的氛围，令人观之难忘。力群后来这样回忆这幅作品的创作过程：

采叶

> 当年高尔基号召写“世界的一日”，茅盾响应他的号召，决定1936年5月21日为“中国的一日”，向全国征稿。我根据当日在太原郊外所见刻了一幅木刻名《采叶》应征，描绘春天到来，穷苦人家以树叶充饥，渡过春荒。其刀法是摹仿苏联版画的刻法的。[①]

其后，力群又托曹白将《采叶》等三幅木刻作品寄给鲁迅，

① 力群：《我的艺术生涯》，北岳文艺出版社1997年版，第36页。

得到了鲁迅的认可赞赏,鲁迅在致曹白的信中这样写道:

郝先生的三幅木刻,我以为《采叶》最好;我也见他投给《中国的一日》,要印出来的。《三个……》初看很好,但有一避重就轻之处,是三个人的脸面都不明白。①

1936年6月,"艺术通讯社"因失去资金支持而宣告解散,力群离开太原,经北平、天津等地重返上海。抵达上海后,投奔在那里任教的曹白。这一段时间,力群不仅在曹白的介绍下认识了江丰、郑野夫、马达、陈烟桥、黄新波、沃渣等新兴木刻家,也创作了《日寇武装走私》《流民》和《鲁迅像》等木刻作品。看到曹白转寄来的这幅《鲁迅像》后,鲁迅在回信中作了这样的评价:

……李桦诸君,是能刻的,但自己们形成了一种型,陷在那里面。罗清桢细致,也颇自负,但我看他的构图有时出于拼凑,人物也很少生动的。郝君给我刻像,谢谢,他没有这些弊病,但他从展览会的作品上,我以为最好是不受影响。②

---

① 鲁迅:《360802致曹白》,《鲁迅全集》第14卷,人民文学出版社2005年版,第121页。

② 鲁迅:《360807致曹白》,《鲁迅全集》第14卷,人民文学出版社2005年版,第124页。

1936年11月，力群和江丰、郑野夫、黄新波、陈烟桥、曹白、沃渣、林夫等青年木刻家一起，发起成立了"上海木刻工作者协会"。其后，力群先后在上海杂志公司和上海美商柯达公司从事广告设计工作。在此期间，他的木刻作品《收获》被刊发在胡风主编的《生活与学习》丛刊上，而那一期的丛刊，也被胡风命名为《收获》，胡风对于力群木刻艺术的看重，也使年轻的力群深受鼓舞。然而，七七事变爆发，全面抗战开始，不久日军便将战火烧到了上海，淞沪会战打响，力群的人生再一次发生了重大转变。他所供职的柯达公司因为战争的影响已无法正常营业，不得不大量裁员，而力群也在其中。紧接着，力群参加了由戏剧家李实领导的"上海救亡演剧队第六队"，到浙江的嘉兴、吴兴等地进行抗日救亡的宣传工作，妻子刘萍杜则留在上海，参加了何香凝领导的救护伤员的工作。从浙江返回上海后，力群得到诗人鲁藜的邀请，携妻子绕道杭州、南京等地前往当时的安徽省会安庆，到安庆省立第一民众教育馆做美术工作。在安庆，力群参与了小报《人人看》的编辑，主编了木刻画刊《铁军》，并创作了《抗战》《受难的同胞》《为战士赶寒衣》《这也是战士的生活》《敌机去后》等木刻作品，还与林蔚文(安林)、刘建庵等进步木刻青年相识相交，生活紧张而愉快。这一时期，力群与身在武汉的胡风保持着通信联系，并将妻子刘萍杜因在上海时参加过抗日救亡活动而不被安庆当地学校允许入学的遭遇写成《杜妹的罪行》一文，发表在胡风主编的《七月》杂志上，在胡风1937年的日记中，便留下了力群投稿的相关记录。

1937年11月29日 ……得力群信、稿并木刻数幅。他也不晓得曹白最近的消息。

1937年12月20日 ……得适夷、冬青、力群及恩儿信,力群寄来木刻三幅。

随着1937年12月13日南京被日军攻陷,安庆的战事也危急起来,力群夫妇随安庆省立第一民众教育馆转移至安徽西部的太湖县,继续进行抗日宣传工作。尽管因为战争形势的严峻,力群等人的宣传工作逐渐由县城分散到乡间,但力群的工作状态依然很好。在太湖县军训期间,力群撰写了短文《他们全开到前线去了》,通过军训教官的讲述和回忆,从侧面刻画了红军将士的顽强斗志和殊死抗战的决心。此文后来发表在1938年出版的《七月》上,被胡风定义为"速写"。这一时期,力群还连续在《七月》杂志上刊发了《出征》《敌机去后》《起来,不愿意做奴隶的人们》等木刻和《从太湖寄到武汉》《张培梅》等通讯和报告文学,表现出旺盛的创作力。这一时期的胡风日记也频繁记载了有关力群来信的情况。

1938年1月3日 ……得力群、蓬麦哲信。蓬到临汾去了,说是"恐怕以后我们会见不到"。早该和这个热情的青年见一见的。夜,复力群信。校对又排好的稿十三页。

1938年1月25日 ……得柏山、路丁、吴组缃、力群信。把第七期的稿费分配好了。

1938年2月3日 ……复曹白、力群、东平、靖华信。

1938年2月16日 ……得力群信。

1938年2月17日 ……上午,复力群、萧军。

1938年3月7日 ……恩留字在桌子上,他和季楷已来过。得力群信。

1938年3月25日 ……得力群、陈烟桥信。

1938年3月27日 ……得力群信,得周钢鸣信并《怎样写报告文学》《摇班到烽火》各一本。

1938年3月30日 ……得田间、力群、萧潇信。

但是,随着战事的进一步告急,安庆省立第一民众教育馆不得不结束工作,1938年4月,力群夫妇和刘建庵、安林等人一起,撤离太湖县前往武汉,继续进行抗敌文艺宣传工作。到了武汉,力群等人首先找到马达,投入到"木刻人联谊会"的工作当中。之后,力群又受马达之托,到政治部第三厅美术处担任少校科员,在第三厅,力群除了进行日常的抗敌美术作品的创作和宣传工作之外,还遇到了自己在杭州艺专的老同学李可染和力扬,并结识了王式廓、叶浅予、赖少其、王琦、罗工柳、冯法祀、卢鸿基、常任侠、冼星海、张曙等文艺界的新朋友。[①] 6月6日,"中华全国美术界抗敌协会"在武汉成立,力群在会上发言,

① 齐凤阁:《力群传》,吉林美术出版社1991年版,第52页。

指出木刻对抗日宣传工作的贡献，并在投票时当选为理事。[①] 之后，"中华全国木刻界抗敌协会"在汉口成立，力群在马达的力荐下以成立大会主席的身份作了协会筹备经过的报告，并当选为常务理事。在武汉期间，力群与胡风的交往日益热络起来，这在胡风日记中留下了具体的印迹。

1938年4月13日 ……夜，力群夫妇来。

1938年4月25日 ……夜，力群夫妇来，一道到鹿地处坐了一会。

1938年5月4日 ……力群夫妇来。

1938年5月8日 ……下午，力群来，他果然把木刻乱送了人情。

1938年5月13日 ……夜，鹿地夫妇来，力群夫妇来。

1938年5月27日 ……夜，鹿地夫妇来，力群夫妇来，杨玉清来。力群携来木刻作品三幅。

1938年6月8日 ……晚饭后端木来，萧红来，孟克来，力群夫妇来。

1938年6月13日 ……夜，曹白夫人同力群夫妇来。

---

① 齐凤阁：《力群传》，吉林美术出版社1991年版，第53页。

1938年6月14日 ……五时，曹白夫人及力群夫妇来，一道到外面吃饭。

1938年6月21日 ……夜，凡海太太来，力群太太来。

1938年6月24日 ……夜，鹿地来，力群夫妇来。

1938年6月29日 ……力群来，把木刻拿去了，说是要出集子。

1938年7月12日 ……力群来。

1938年8月5日 ……夜，李何林来，力群来。

1938年8月11日 ……回家时，力群在，约谈一小时后始去。

1938年8月24日 ……下午，到鹿地处，路上遇力群。

这段时间，力群除了在《七月》杂志上继续发表了散文《太原西郊的碉堡》(第3集第2期)、《微山湖》(第3集第3期)和木刻《这也是战士的生活》(第3集第3期)外，还借用胡风收藏的抗战木刻作品，为"全木协"编辑出版了《抗战木刻选集》和《全国木刻选集》。此外，力群在武汉期间，还将自己的木刻作品集结成册，手拓了十余册《力群木刻集》，并将其中的一册送给了胡风，这册珍贵的手拓《力群木刻集》现在还保存在北京鲁迅博物馆胡风文库，收录了《入狱》《拾垃圾的孩子们》《静物》《采叶》《鲁迅像》《武装走私》《流民》《驼乞妇》《〈祖国〉插图》《收获》《到田里去》《抵抗》《被炸》《为战士赶寒衣》《出征》《前哨》《袭击》《起来,不愿做奴隶的人们》《敌机去后》《抗战》20幅木刻作品,在这本木刻集的扉页上,有力群手写的这样两行毛笔字:

胡风老兄指教

力群赠 一九三八·四·一九于汉口。

力群也在回忆录中这样提到了胡风对自己的帮助和提携:

鲁迅先生逝世后,文艺界只有胡风先生可称中国新兴木刻的知音,对木刻工作热心支持,他手里保存了一二百幅木刻作品,我负责出版《抗战木刻选集》和《全国木刻选集》就是向他借的原作制版的,现在忆及仍对他深怀感激。当时胡风先生也住在武昌,我时常去看他,在他家里曾会到日本作家鹿地亘及其夫人池田幸子,看到他们我很高兴。由胡风介绍让我认识了艾青、萧红、端木蕻良等著名诗人和作家……我不仅在胡风主编的《七月》上发表散文,还发表了木刻《这也是战士的生活》等作品。胡风虽为文艺界的大作家,但待我如好朋友,不在我面前摆大作家的架子,所以我愿意接近他。……应该说我的文学兴趣和写作胆量是胡风先生所培养的。[①]

力群在武汉的工作生活进展得十分顺利,但他还想投向更广阔的天地,探索人生的另一种可能。于是参加了由中共领导的“抗敌演剧队第三队”,离开汉口经西安前往山西和延安等地,最后来到宜川,在“中华全国文艺界抗敌协会山西分会”领导人梁延武的邀请下出任“民族革命艺术院”美术系主任,在此期间,力群创作了《人民在暴风雨中》《运输车》《加紧生产》等木刻作品。1939年12月,晋西发生反共的“十二月事变”,力群夫妇在党组织的安排下从宜川撤退,抵达延安。在此期间,力群与胡风仍然有一定的书信往来,被胡风记入了日记中。

1939年6月14日 ……得力群信。复丁玲、力群、SM、黄既,托带到陕西付邮。

1939年9月9日 ……得力群、李又然、SM、凡海、荃麟、贾植芳、向林冰、黄既、周行、须旅、柏山、艾青等信。

1939年9月13日 ……得力群信及文稿,木刻数幅。

1939年9月16日 ……复力群。

1939年11月11日 ……复力群、周而复、甘棠、钟瑄、刘念渠。

---

① 力群:《我的艺术生涯》,北岳文艺出版社1997年版,第57页。

1939年11月18日 ……本周来信有萧军、绀弩、柏山、彭燕郊、力群、刘念渠等。

1939年12月22日 ……得艾青、绀弩、SM、萧军、周文、力群等信。

到延安后，力群担任了鲁迅艺术文学院的美术系教员。在延安，力群得到了前所未有的安定的学习创作环境，心情十分舒畅。他一面努力进行木刻创作，提高自己的木刻技巧；另一面进一步学习马列主义理论，加强自己的思想修养。1940年，力群按计划创作了《听报告》《打窑洞》《帮助抗属锄草》《饮》《伐木》《延安"鲁艺"校景》《毛泽东同志像》等多幅木刻作品。1941年，力群的木刻作品《听报告》在延安各界纪念"五四"青年节筹备委员会发起的"五四"中国青年节奖金征文比赛中获得乙等奖。8月，力群又应鲁艺"文艺俱乐部"的邀请，在鲁艺举办了个人木刻作品展览会，其后与古元、焦心河、刘岘等人一起，在延安军人俱乐部举办了木刻联展。11月，在江丰、庄言二人的介绍之下，力群加入了中国共产党，了却了多年心愿。1942年5月，力群参加了"延安文艺座谈会"，并聆听了毛泽东在会上所作的《在延安文艺座谈会上的讲话》，深受触动，决心把深入群众的艺术道路坚持到底。在这种艺术思想的指导下，力群积极从民间美术特别是年画作品中汲取养分，创作了新年画木刻作品《丰衣足食图》。

丰衣足食图

《丰衣足食图》也有一帧原拓现存于北京鲁迅博物馆胡风文库，长9.2厘米，宽6.5厘米，整幅木刻作品完全采用传统中式年画、剪纸的线描手法，刻画出一个农民家庭在粮食丰收之后其乐融融的庆祝场面。画面的重心是一对中年农民夫妇，笑容既欣慰又幸福：丈夫悠闲地抽着旱烟，两个儿子承欢膝下，忙着搬运新打下来的瓜果；妻子则忙着给小女儿换裁剪好的新衣，最小的孩子则依偎在妈妈身边，扯着姐姐的新衣衣襟。画面的背景，则是满满一囤快要往外溢出的粮食，暗示了这个农民家庭幸福快乐的实际原因，也增加了整个画面的喜庆感和烟火气，让观众看到后不免会心一笑。

1944年后，延安举行了劳模大会和文教大会，为了配合大会进行英雄人物生平事迹的宣传，力群又创作了木刻作品《帮助群众修纺车》《小姑贤》和木刻连环画《优异的革命老教师刘保堂》等，在当时产生了很大影响。其后，考虑到群众对于彩色画的喜爱，力群又在胡一川、古元、彦涵等延安版画家的影响和带动下，将自己的名作《延安鲁艺校景》改刻成套色木刻。一时间，延安的版画家们在为人民服务、与人民同甘共苦并深入生活的指导思想下，逐步形成明朗大气的版画风格，并发展成新兴木刻的“延安画派”，在中国现代版画史上留下了浓墨重彩的一笔。在延安期间，力群与胡风依旧保持着通讯联络，这在胡风的日记中有所反映。

1940年1月12日 ……得绀弩、冼群、萧军、力群信，野夫寄赠木刻集《旌旗》。

1940年1月19日 ……得柏山、魏东明、白危、力群等信。

1940年4月5日 ……得曹白、力群信。

1940年6月12日 ……得孙钿、侯唯动、庄言、黄既、高岗、贾植芳、胡明树、魏东明、路翎、力群、SM、吕荧、白危、曹靖华、卢鸿基信。

1945年10月15日 ……得鲁藜、力群、侯唯动带来的稿件和木刻。

1945年11月4日 ……复力群。

抗战胜利后，力群携家眷离开延安前往晋绥边区，在繁忙的革命宣传工作之外，力群还抽出时间进行民间美术的采风工作，与孝义县东小井村妇女石桂英合作了剪纸《织布》。此后，力群又出任晋绥文联美术部部长、《晋绥人民画报》主编，参加了晋绥边区的土地改革工作，并创作了木刻作品《公祭关向应同志》《朱总司令像》《贺龙同志像》《斯大林像》、套色木刻《送马》、黑白木刻《王贵与李香香》插图、年画《选举图》《做军鞋》，还发表了评论文章《三谈〈李有才板话〉》《评〈老婆嘴减租〉》等。1949年5月，力群随柯仲平、周文带队的西北代表团，赴北平参加第一届全国文代会，在这个大会上，力群不仅见到了许多阔别多年的美术界老友，也见到了曾经大力帮助过他的胡风。在后来的回忆录中，力群这样写道：

> 在这次大会上我为能够看到美术界和文艺界的很多老朋友非常高兴，如当年上海时代的野夫、陈烟桥、新波；在武汉相识的李桦，及三厅美术科同桌办公的赖少其。他离开武汉后就到了新四军，这次参加大会是部队代表团的副团长，真是“士别三日，应刮目相待。”三厅美术科的朋友还有李可染、叶浅予、王琦；延安时代的有江丰、马达、蔡若虹、张仃、古元等。此外还看到三厅时的文艺处处长田汉和《七月》的主编胡风……[①]

---

① 力群：《我的艺术生涯》，北岳文艺出版社1997年版，第169页。

而胡风也在日记中记下了当时与力群之间的走动：

1949年6月1日 ……会上见到力群、符罗飞。

1949年7月23日 ……下午，力群来，送套色木刻《送马》一幅。

建国后，力群先后出任山西省文联副主任、《美术》杂志副主编等多种职务，同时继续进行版画创作。后来还在灵石县文化馆和太谷师范举办了木刻训练班，积极培育木刻艺术的后备人才。“文革”结束后，力群在版画艺术创作上又进入了一个丰产期，这段时间，力群与胡风恢复了通信联系，在1982年至1985年间，力群先后致信胡风、梅志夫妇6次，这些信件至今仍保存在北京鲁迅博物馆胡风文库。

1982年10月12日

梅志同志：

你们好，十月六日来信悉，非常高兴。听到你们搬了家，我也为你们心愉。我拟在最近先给你们寄点字画。书法和国画是近些年开始学习的，寄上请指教，如果喜欢就裱起来装饰新居。至于木刻，也是要给的，我打算多带些去，请胡风先生挑选。这也好打扮新居。胡先生是一向喜欢我的木刻的，也许故人的新作挂在墙上更会使他愉悦的。愿他身体健康。

关于人民文学出版社当代文学组编选《〈七月〉〈希望〉作品选》,已选《他们全开到前线去了》,我很同意,前些年我曾托我的女儿去北京图书馆把此文抄出,我身边有。看了当年的这篇文章,我觉得还过得去。胡先生说算“速写”,恐怕也可以算短篇小说的。但没有抄回散文《微山湖》,我记得这篇还写得较好,但多年不见,也不知现在看来如何?请你们看看,如还可以是否把它也选入,如能问人民文学出版社要回《七月》,我托人去你家借出,用新的影印机印出,或抄出,能让我再看看就好了,我心中无数,请你和胡先生考虑。

有一篇名《张培梅》的,后来知道是受了记者北鸥的骗了,该人并非在战场上牺牲,而是自杀。

鲁迅先生逝去后,作为有名的文学家的,谁也比不上胡先生对木刻的支持和关心了,这我是心里有数的。此外,就是对青年作者的关心和培养来说,也是很少有人可比的。曹白在《人民日报》上新近发表的关于《呼吸》的序文,他来信说:如果不是你和胡先生的推介,是不可能发表出来的。

今年初夏访问了你们后,我就去了青岛,又去了庐山、井冈山,之后又和老伴去了青岛,在那里住一个来月,前半月才回到太原。

山西组织了一个“山西省国画家访问团”,去西安、成都、重庆、贵阳、昆明等处取经学习，我是副团长，约月底出发，历时一月归来。所以送给你们的木刻就只好等我回来后去京时带去了。

我知道你是搞儿童文学的，今年初应山西《小学生》写了一篇《我的乐园》，约数万字，每期连载，已载第五小段，每段独立成章，是儿时回忆录，如鲁迅之《从百草园到三味书屋》，待连载完后寄给你和胡先生。请指教。我在胡先生面前总还觉得是个青年，虽然按年龄说已七十岁了。

我准备为江丰写点纪念文。但还没有下笔。去年在《人民日报》发表了一篇《我给鲁迅先生画遗像》，不知你们看到否？

问胡先生好。

祝你们健康。

力群

十月十二日

下次来信望告我你们的电话，我到京后好联系。

又及

1982年12月20日

胡风先生：

今年十月间接梅志同志来信，复信时曾说：为了打扮你们的新居，我要寄给你们些木刻、中国画、书法。但直至今日才能把木刻寄出。一来因为忙，二来因为拓印费时，所以拖到现在，请谅。

现寄上木刻七幅，其中有五幅是套色，二幅是黑白，就作为我送上的1983年的新年礼物。并希望能得到你的批评意见。不知你喜欢其中的那几幅？这七幅，是全国解放后我的新作品中最为群众喜爱的作品。多年没有让你看我的木刻了。这次，务望能得到你和梅志同志的宝贵意见。如果有装饰你们的新居的价值，就配上镜框挂起来。我很愿你有个舒适而又美观的居室，为你能在家里走动时，不感到四壁的空寂。

与木刻同时，寄上书法两幅，供选用，也请对这字发表意见。我是近三年来才练习书法的。

中国画画了几张，都不满意，待有满意的再寄给你们。

敬祝

新年安康快乐！

力群

12月20日

1983年10月24日

胡风、梅志同志：

你们好，久未见，不知胡风同志身体可健康？念念。望长寿。

曹白给我寄来《呼吸》一本，他对封面很恼火，说是国民党特务搞的。可见甚生气了。并说内容也有删改。

我也很不喜欢这个封面，看来是学毕加索的，不知道他画的什么。

梅志同志曾告我，将出一本《〈七月〉〈希望〉作品选》，有消息否？何时出版？

我在一个文艺消息中读到，梅志同志写的《童话中的童话》(?)得奖，是否能让我一读？如没有多的，借我看看也好，看完再“原璧归赵”。遗憾的是，我至今未拜读过梅志同志的大作……

因为鲁迅先生喜欢《小约翰》，我认真读了两遍，真美，但含义较深，怕儿童领会不了。

张天翼的《大林小林》(按:《大林和小林》)我看过了，政治性太强，生活味不足，我并不喜欢。

《木偶奇遇记》写的很生动，故事性亦强，很有趣。

我看的新东西较少，不知还有什么好作品。希望推介一二。

望示复，到京时定来拜望。下月初在我的家乡——山西灵石县举行我和牛文(也是灵石人)的美术展览，除木刻外还有国画、书法，顺便告你们。

祝健康。

力群

十月二十四日

1983年11月19日

梅志同志：

高兴地接到来信，并一口气拜读了《听来的童话》，谢谢你对我的帮助。

你的童话是非常有趣的，我很感兴趣。希望你今后多写一些。

天气已很冷，望你和胡风同志都能多注意身体。

祝全家健康。

力群

十一月十九日

1984年8月2日

梅志同志：

你们好，我刚从烟台归来（参加中国文联组织之读书会），看到了你寄来的胡先生的《评论集》和你的童话诗集。非常高兴，也很感谢。待慢慢拜读。

看到在中集的扉页上用了我的《雪景》，算是胡先生和我的一个纪念吧。其实，《密云期风习小纪》就是我1938年在武汉时给先生写的。现在看到也使我有多少旧事“空回首，烟霭纷纷”之感……

过去听你说，出版社要出一本《七月》小说选集，不知何时可问世？望告。

听到你说“胡先生身体还好”，令人高兴。北京近日天气太热（我路过只停了数小时），太原却较凉爽。胡先生能来太原住住也好。今年冬天要在京举行全国文代会，届时定来看望你们。我身体很好，还可打网球。

问候胡先生好。

祝夏安。

力群

八月二日

1985年2月24日

胡风、梅志先生：

值此春节来临之际，我向你们拜年，祝你们身体健康，全家幸福。

久未见，很想念。

今寄上拙作《我的乐园》，希提正。如感兴趣，写点评介。

近得平若女儿来信，知平若为家庭生活不愉快，曾跳了黄浦江，幸亏渔民把他救起，免得一死。救起后他说：“我不想活了，儿子打我，老婆骂我，活的没意思了……”铭罇大概是不让他吸烟。他最近得肺炎住医院，医生不让吸烟。铭罇管得严，所以生气了。现在他们夫妻俩去广东过年去了，之后还要去深湛玩玩。一月后回上海。

祝全家欢乐。

力群

二月二十四日

信中提到的平若就是建国后转业不再从事木刻版画相关工作的曹白，晚年因为罹患精神疾患，饱受幻觉障碍的痛苦，这在力群来信的叙述中可略见一二。随这些信件寄上的，还有力群创作于建国后的《北京雪景》《山葡萄》《清泉》《林间》《春到洞庭湖》《雪景》等木刻版画以及文集和其他书法作品，这些珍贵的馈赠日后也几乎都保存于北京鲁迅博物馆胡风文库，见证着两人之间的深厚情谊。2012年，在曲折中走过漫长人生的力群在北京家中安详辞世，享年100岁。

（原载于《鲁迅研究月刊》2023年第2期）

古元:红色木刻的虔诚学徒

在北京鲁迅博物馆胡风文库,现存有抗战版画家古元创作的抗战木刻原拓作品24幅,它们以木刻艺术的形式,记录了抗战时期延安军民满怀热情的战斗经历和生产生活,也从一个侧面反映了《七月》杂志的编辑者胡风对“延安画派”在木刻版画方面艺术成就的高度关注和欣赏肯定。作为鲁艺自己培养的木刻新秀,古元虽然没有第一代新兴木刻家亲受鲁迅教诲的经历,但也以自己扎扎实实的木刻创作和从中体现出的出众艺术天赋,在抗战版画史乃至中国现代版画史上,留下了属于自己的深深印迹。

古元,原名古帝源,1919年出生在广东中山县那洲乡的一个华侨家庭中,父亲古万建早年携家眷在中美洲巴拿马经商谋生,略有积蓄后又举家返回家乡,到古元出生时,家中的经济情况已比较稳定,加之父母较为重视对子女的文化培养,因此古元在少年时期能够比较顺利地接受正规的中小学教育。1932年,古元小学毕业后离开家乡,考入了广州广雅中学,在这所中学里,古元的各方面能力得到了充分发展,在日常的课业之外,他对音乐、体育等课外活动也多有涉猎,在美术方面更是表现出了不凡的潜质,在美术老师、画家梅雨天的指导下,古元很早就画得一手漂亮的水彩画,又阅读了丰子恺编著的《西洋名画巡礼》《现代画派十二讲》《艺术趣味》等美术书籍,在美术理论和技法上都打下了一定基础。对于古元的美术兴趣和天赋,父亲古万建虽不看好,但也不加压制,而是抱着"艺多不压身"的心态予以支持鼓励。就在人生的美好画卷正在向年轻的古元徐徐展开的时候,日本侵略者的步步进逼打破了原本平静温馨的生活。1935年,华北事变爆发,并引发了声势浩大的一二·九爱国学生运动,运动波及广州,中山大学的学生为了表达对这次运动的支持,也组织了大中学生的游行示威予以响应。古元参加了这次游行示威,思想上受到了很大的冲击。从此,他把关注的对象由大自然转移到了社会,开始了对现实人生的体察。①

1937年7月,七七事变爆发,全面抗战正式打响,不久之后,日军的飞机就轰炸了广州。广雅中学被迫疏散至乡村,混乱之中,古元没有随着学校转移,而是提前中止学业,离开广州回到了家乡。

---

① 曹文汉:《古元传》,吉林美术出版社1989年版,第17页。

回到家乡后，古元先是在家乡的小学做了代课教师，在课余绘制了不少抗日救亡的宣传画。其后，他又参加了抗日宣传队，在随队进行抗日宣传的过程中充分发挥了自己的美术特长。在这个过程中，古元偶然看到了广州出版的《救亡日报》《抗大》等进步报刊，又阅读了《大众哲学》《政治经济学讲话》等宣传通俗革命理论的书籍，初步了解了陕北抗日根据地、抗日军政大学、陕北公学和鲁艺的基本情况，萌生了前往延安的愿望。为此，古元前往广州八路军办事处（时称"国民革命军第十八集团军驻粤办事处"）提交了前往延安的申请，且很快得到批准并开出了介绍信。[①]于是，1938年9月18日，古元从广州北上，途经武昌、西安等地，辗转进入陕甘宁边区，并在陕北公学进行短暂的培训学习，11月，正式加入中国共产党，12月末，结束了在陕北公学的学习，因为美术方面的出众才能，被党组织分配至鲁艺进行进一步的学习和深造，从此揭开了他作为红色版画家的人生序幕。

鲁艺成立于1938年4月，至古元入校时，他已是美术系的第三期学员。入校以后，古元学习刻苦，阅读了《凯绥·珂勒惠支版画选集》《一个人的受难》《引玉集》和《苏联版画集》等对第一代新兴木刻家影响深远的启蒙性版画画册，并在王曼硕、江丰、胡蛮、蔡若虹、马达等名师的指导下，认真学习素描、艺术理论、美术史、漫画、木刻等基本美术课程，还和同学们一起，亲手烧制木炭条、

① 曹文汉：《古元传》，吉林美术出版社1989年版，第19页。

制作画笔，以解决美术画具匮乏的问题。良好学习氛围的熏陶以及自我坚持不懈的努力，使得古元的美术素养和创作能力得到了大幅度的提升。1939年，在接触版画还不足一年之际，年仅20岁的古元用自己制作的木刻雕刀，创作了平生第一幅木刻作品《游击队行军》，初步展示了自己作为木刻版画家的潜力和才华，此后便在版画创作这一领域迸发出惊人的能量，呈现出后来居上的态势，从一个木刻新兵很快成长为“延安学派”的重要版画家——当古元完成这一切的时候，仅仅用了两三年的时间，而他此时的年纪，也才二十岁出头。

北京鲁迅博物馆胡风文库也存有一幅古元创作于1939年的木刻原拓作品《打场(鲁艺生产运动之一)》，从中大致可见古元在从事木刻创作初期的艺术风格。整幅画面节奏明快而又富于质感，充分显示了年轻的古元出众的素描功底和人物造型能力。画面的最左侧，是一个扛着麻袋、侧身回望的八路军战士，面容淳朴憨厚而略带笑容，上身微弓，双膝前屈，展现出刚刚发力扛起麻袋的姿态，整个人除了面容、扶着麻袋的左臂和迈开的左腿之外，几乎全部以阴影和少

打场(鲁艺生产运动之一)

量的排线绘成，使整个人物呈现出一种厚重感，也从侧面展示出劳动的力量。在他的左侧，是一个肩扛农具、姿态放松的战士，但这位战士除了面部和腿脚以阴影表现之外，全身的其他地方几乎均为亮色，仅以少量的排线勾勒。这两个人物一明一暗，一张一弛，形成了鲜明的对比，也铺排出一种劳动的节奏感。画面的中部，是一个弯腰低头手持簸箕的女性，虽然她呈现给观众的只是一个小小的侧影，但女性特有的温婉柔和的线条，还是给画面增添了别样的韵致。画面的右侧，是一位手持农具，正在扬起谷物的战士。扬到半空的谷物和战士挺拔的身姿也形成了一种强烈的呼应，表现出劳动的动感。画面的远方，则用粗放的排线描绘出延安远处的山峦，暗示了劳动进行的地点。整幅画面有男有女、有明有暗、有静有动、有张有弛，体现出全民上阵开展生产运动的火热氛围，青涩而不乏巧思，有着浓郁的生活气息。在画面的左下角，标有“古元1939”的字样，注明了画作的作者和创作年份。这幅画作在交到胡风手中之后，很快便刊登在《七月》第5集第2期的封三上，既说明了胡风对古元木刻艺术的认可，也从另一方面扩大了古元创作版画的知名度和影响力。在这一时期，在胡风的日记中，也出现了古元致信胡风的记录，虽然此信最终没能保留下来，但这条记录还是证明古元与胡风之间存在着直接的通信联络：

1940年9月29日 ……得古元、王平陵信。

1940年6月，古元结束了在鲁艺美术系第三期的学习，来到距延安城90里的延安县川口区碾庄乡，担任乡政府的秘书。也正是在碾庄，古元深入群众，在乡文书的实际工作中了解到组织群众劳动生产、开展减租斗争、收购农产品、动员民工支援前线、拥军优属、进行卫生文化建设、办理结婚和离婚手续、调解民事纠纷等各种农村生活的具体事务，并和当地的农民一起劳动，学会了耕种、锄草、收割、放羊、推磨、起圈、赶车等农活，并结交了很多农民朋友。[①]这些，日后都成为他进行木刻创作的宝贵素材。在碾庄，古元根据自己的实际生活经历，创作了《羊群》《牛群》《家园》《铡草》《冬学》《准备春耕》《读报的妇女》《选民登记》等多幅反映农村生活的木刻作品，并请他的农民朋友们提出意见。在这段时间里，古元不仅在木刻技艺上有了很大提高，在思想深度和人生体悟上也有不小的长进。1941年5月，古元结束了在碾庄的工作生活，返回鲁艺，在美术工场担任木刻组长，并担任部队艺校美术教员，创作了《逃亡地主归来》《骡马店》《风波》插图等木刻作品，还获得了延安青年文艺甲等奖。回到鲁艺3个月后，古元又与力群、焦心河、刘岘等人一起，在延安的军人俱乐部举办了木刻联展，也正是因为这次展览，古元的木刻作品吸引了有着深厚美术素养的诗人艾青的关注，在发表于《解放日报》的画评《第一日》中，艾青对古元的木刻作

① 曹文汉：《古元传》，吉林美术出版社1989年版，第35页。

了这样的推介：

> 古元同志的艺术是在边区成长起来的，他是边区生活的歌手。
>
> 他是如此融洽地沉浸在生活里，从生活里去汲取无尽的美，他是如此亲切地理解了现实，甚至使他被称为现实的肖子也可受之无愧。
>
> 古元同志具有高度的获取物体真实形象的能力，又已完成了为表现这能力所必需的技巧，他的艺术将在他的无限长的时间里得到难于限量的发展是无疑义的，何况他又是一个最能自己决定创作方向，最能把握现实的无穷的美的年青艺术家呢？[①]

在这段画评里，艾青敏锐地指出了古元木刻的现实主义内核和出色的艺术表现力，而这显然是在延安紧张活泼的战斗生活氛围和鲁艺的红色美术教育中发育成长出来的，艾青对古元的推重，既是一位已然成名的长辈对晚辈的欣赏提携，也同样是一位身处延安的文艺工作者对鲁艺乃至整个延安昂扬向上的精神面貌的赞许和自豪。

1942年，古元参加了延安整风运动。其后又参加了延安文

---

① 艾青：《第一日》，转引自曹文汉：《古元传》，吉林美术出版社1989年版，第43—44页。

艺座谈会，作为参加这次大会最年轻的成员之一，古元倍感荣幸，并对毛泽东在大会即将结束时发表《在延安文艺座谈会上的讲话》的情景记忆犹新。

> 第三次会在5月23日下午举行，毛主席准备在这个会上做结论。他在讲话之前，亲切地问大家：同志们是不是还有话要讲呀！接着有人站起来要求再发言，毛主席再一次请大家充分发表意见，直到大家把话讲完了为止。这天下午，毛主席便留参加会的人在杨家岭吃晚饭，晚饭后继续开会。大概是吃晚饭和休息中间，人们把毛主席将在晚上讲话的消息传出去了，听到消息的人们兴高采烈地自动来到杨家岭要求听毛主席的讲话。来的人很多，那间会议室无法容纳这么多人，于是，会场便移到室外的一片空地上。临时来不及布置，只搬来一张桌子和几把椅子，在桌子旁边交叉地支着三根树杆作灯架，吊起一盏汽灯，明亮的灯光照耀着人们愉快的面孔，个个都在聚精会神地听毛主席的讲话，就是这篇马克思主义文艺理论的伟大文献《在延安文艺座谈会上的讲话》的结论部分。[①]

---

① 曹文汉：《古元传》，吉林美术出版社1989年版，第39页。

大会结束后，古元对艺术最终要服务于人民大众的基本创作理念有了更深刻、更理性的认识，又创作了《哥哥的假期》《排戏》等木刻作品。包括古元在内的一大批延安木刻家创作的木刻版画作品，后来被周恩来携带到重庆，参加了1942年10月由中国木刻研究会在重庆中苏文化协会展厅举办的“第一届双十全国木刻展览”。著名美术家徐悲鸿参观了此次展览，对参展的古元木刻作品《割草》《冬学》《哥哥的假期》大为赞赏，并当场订购了这几幅木刻作品。在展览的负责人之一、青年木刻家王琦的邀请下，徐悲鸿撰写了题为《全国木刻展》的评论文章，发表在1942年10月18日的重庆《新民报》上。在文中，徐悲鸿对古元的木刻作品做了激情洋溢的推介。

> 我在中华民国31年10月15日下午三时，发现中国艺术界中一卓绝之天才，乃中国共产党之大艺术家古元。
>
> ……我惟对于还没有20年历史的中国新版画界已诞生一巨星，不禁深自庆贺。古元乃是他日国际比赛中之一位选手，而他必将为中国取得光荣的……
>
> 古元之《割草》，可称为中国近代美术史上最成功作品之一，吾望陪都人士共往欣赏之。①

---

① 徐悲鸿：《全国木刻展》，《古元纪念文集》，人民美术出版社1998年版，第380—381页。

经过徐悲鸿的推介，古元和延安边区的木刻作品在国统区引起了热烈的反响和关注，当时的国民党国际宣传处处长也参观了此次展览，在称赞延安边区木刻艺术的同时，也热心建议将这些木刻作品送往英、美、印等国进行巡展。[①]很快，徐悲鸿的评论文章又被延安的《解放日报》转载，当时任鲁艺院长的周扬向古元问及此事时，年轻的古元反应出乎寻常地平静：

> 徐悲鸿先生这样评价对我们党有好处，而我对自己的要求应该更高一些。[②]

尽管古元对自己的艺术成就一向谦虚淡然，但外界的盛赞还是纷至沓来，1943年2月10日，时任延安《解放日报》总编辑的陆定一发表了《文化下乡》的文章，以古元的木刻艺术为切入点，对延安文教工作的长期发展方向进行了展望。

> 古元同志的木刻，向来以描写陕北农村生活著名。他的木刻，富于民族气派，老百姓看得懂；情调也是中国的，老百姓喜欢；画面是明朗的，快乐的，但又是严肃的，丝毫不苟的，可以看出作者对于农民的热爱，和对于农民情感的深刻体会，这些特点，在当今中国艺术界，即使不是独一无二，也是不可多得的。

---

①② 曹文汉：《古元传》，吉林美术出版社1989年版，第3页。

古元同志今年24岁,他来边区仅仅四年,他在来边区以前,没有学过美术,但在边区的四年半中间,他已经有了很可观的成绩,这一方面靠他的天才,对于革命事业的忠心,对于工农的热爱,另一方面也说明马列主义教育原则的胜利,没有我们党正确的教育原则,不可能在四年半中培养出这样的人材。

不但在木刻方面如此,就是在歌咏、戏剧、文艺等等方面,都值得研究古元同志所走的道路……①

应该说,不管徐悲鸿也好,陆定一也好,他们对初出茅庐的木刻青年古元的溢美之词,不仅仅是一种美术评论,更是一种政治评论。古元在木刻艺术方面,固然显示出了出众的天赋和实力,但徐悲鸿和陆定一内心深处更加关注的,其实是培养出古元这样的木刻后辈的延安美术教育体系乃至延安的整体文化氛围。这种全然不同于国统区的社会文化气息,不仅给当时已十分艰苦的抗战环境以有力的激励,也给当时的中国文化人带来耳目一新的思想冲击和道路选择——对于当时在抗战中苦苦坚持的中国文化人来说,多一种让人耳目一新的社会文化选择,真的不是一件坏事。

年少成名的古元并没有因此停止自己对生活的体察和艺

① 陆定一:《文化下乡》,转引自曹文汉:《古元传》,吉林美术出版社1989年版,第44—45页。

术的探索。1943年4月，他和诗人艾青一起，参加了边区合作社英雄刘建章组织的运盐队，到三边体验运盐生活。三边地区，即指陕北的定边、靖边、安边三个地方。跟着运盐队，古元和艾青走过了许多村庄，并且沿途收集了不少当地农民创作的窗花剪纸。[①]从这些窗花中，古元感受到民间美术的朴拙之美，并将其吸收到自己的艺术创作当中。结束运盐生活后不久，古元创作的24幅木刻窗花作品和另一幅大型窗花作品《合作社》便出现在了陕甘宁边区文教大会的陈列室里。[②]此后，古元又到驻扎在南泥湾的八路军三五九旅体验生活，为南泥湾军民积极进行生产建设的生活场面所打动，于是又创作了《部队秋收》《练兵》等木刻作品。在这一年，古元还创作了《农家的夜晚》《乡政府办公室》《结婚登记》《离婚诉》《露营》《减租会》《调解婚姻诉讼》等反映土地改革和农村社会改革的木刻作品，对延安当时的基层社会变化进行了刻画记录。1944年，古元在延安成立了自己的小家庭。同年，鲁艺美术工场也改为研究室，古元出任研究生和创作组长，因为他在历年的创作中与陕北人民的实际生活血肉相连，在国内外起到了很好的宣传作用，所以被选为“甲等文教模范”，参加了陕甘宁边区文教代表大会，获得了甲等奖。当年，古元还创作了木刻作品《拥护咱们老百姓自己的军队》《战胜旱灾》《菜圃》《老炊事员

① 曹文汉：《古元传》，吉林美术出版社1989年版，第41页。

② 同上书，第41—42页。

的寿辰》《人民的刘志丹》等，进一步发挥了自己的木刻技巧与艺术水平。

就在古元不断精进自己的木刻艺术的同时，他的一些在艺术水平上已然有了较大提升的木刻原作，也随着延安的一些优秀的文学作品一起，送到了胡风手中，在延安作家孔厥于1945年2月24日写给胡风的信中（此信现存北京鲁迅博物馆胡风文库），便提到了曾经寄给胡风的4幅古元木刻作品。

胡风兄：

十一月十三日信已于（按：与）二月四日其稿费同时收到。《希望》亦已收到，很高兴，预备多给兄寄稿。

旧的稿子，我重新整理出了十八篇（约十四万字），已于二月十四日交校方转周副主席处，航带重庆转兄，请兄处置了也。因系航带，想必靠得住，放大部分未留底稿。有些稿子，上面有给排字工人注的字样，那是此间出版局想印时写在上面的，终于未印，就原样寄出了。

《吴满有故事》原计划写上中下三部分的，《上》写旧社会，早发表；《中》写土地革命，写了一半（约一万五千字）中途因事停笔，一停就停了一年另几个月，到现在自己对于它的内容和形式都有了新的看法，将怎样完成它，都还是问题。原计划《中》较长，《下》（写新生活的）更长。今年想完成它（最近我已离开实际工作回鲁艺),《下》或许将单独写成一篇反映边区民主建设和经济建设的较长的小说。因为《中》即使写成了也一定无法在大后方发表,所以我在寄兄《上》部分之外,特附关于吴满有的新生活的短篇三篇(发表时曾分四篇发表),以作新旧社会的对照,可惜在实际工作之余就只写了这三篇,另外曾写了些新闻通讯,当然用不上,寄给你就只好如此了。(如有机会出版,书名就叫《一个女人翻身的故事》? 或太刺眼,就叫《一个女人的故事》? 请兄代为定夺。)

另附《刘志丹》和《劳动英雄的诗》请兄一阅,若以见我后来的创作方向及兴趣之所在也。

但今后我依然要写小说,不过内容方向,要更多地,并且希望能更深地,发掘和把握现实中间矛盾斗争的复杂过程,以增强作品中间的机动性、故事性。形式方向希望能真正做到中国作风和中国气派。语言,最好能做到读出来可以听懂——成为口头文章,以期直接为工农兵所接受,不过,虽然这样想,在创作实践上却还得摸索和尝试。兄对我的作品或想法有何意见,想赐寄来。

木刻四幅是古元刻的,寄时忘记告诉你了。

去秋,我收集了几十个陕北的民间故事,已经把短的整理出来二十个,现在不在手边,以后再寄给你。

祝好!

孔厥

二月廿四日

孔厥寄给胡风的这四幅古元木刻原作，即为四幅连环木刻《凤仙花》《二娃子》《苦人见》《父子俩》，它们最后被用作胡风为孔厥出版的短篇小说集《受苦人》的插图，这四幅木刻均以线条简约而造型略带夸张的手法，娴熟地勾勒出小说人物和具体情节场景，生动活泼，富于乡土气息，鲜活地再现陕北普通农民的日常生活，与古元创作初期的那种造型写实严谨、有着强烈素描痕迹的木刻作品已有很大的风格变化，体现出古元在木刻民族化方面的深入思考和不懈实践。

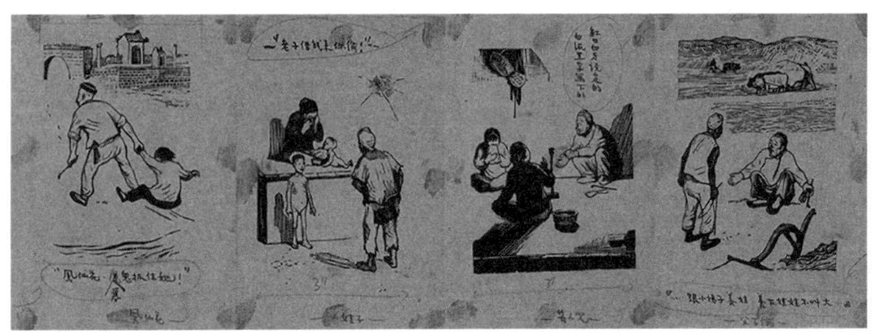

古元连环木刻

抗战胜利后，古元随鲁艺离开延安前往东北，因途中交通受阻，滞留张家口。在张家口，古元与随后携女儿前来的妻子蒋玉衡会合，又出任了华北联合大学文艺学院美术系的教员，在这一时期，古元获得了美国国务院文化官员、著名汉学家费正清介绍访问美国的机会，但仍淡然对待，最终因手续问题未能成行。其后，古元又编制了幻灯片《刘小眼翻身》和《毛主席到孙家山的故事》，在群众中引起较大反响。[①]之后，古元又随华北联大大部分师生到广陵县参加土改运动，从中获得了很多生活素材。接着，古元又来到了河北省的年画之乡武强县，协助江丰编印《农民画报》，为了办好这个刊物，古元一方面积极学习民间木版年画的艺术特色，另一方面又积极地进行新年画的创作，在艺术上借鉴了一些传统民间年画的装饰色彩和线条，很受当地群众的欢迎。[②]这期间，江丰和艾青把古元的木刻作品集转赠给胡风，这在胡风日记中留下了记录，而赠给胡风的那本《古元木刻选集》，现在也收藏在北京鲁迅博物馆胡风文库：

> 1946年8月4日 ……艾青与江丰托人带来《古元木刻选集》和《民间剪纸》各一本。

1947年，古元接受上级调令前往哈尔滨，经分配进入松江文工团进行美工工作，在此期间，又到黑龙江五常县周家岗参加土改工作。在周家岗，与小说家周立波合作，完成了有关土改的著名长篇小说《暴风骤雨》的插图创作，又创作了木刻作品《焚毁旧契》《发土地证》等。1948年，古元被调至《东北画报》社任美术记者，不久又随报社举家从哈尔滨迁至沈阳，这段时间，

① 曹文汉：《古元传》，吉林美术出版社1989年版，第72页。

② 同上书，第73页。

古元创作了《白志贵打地堡》《女英雄赵一曼》《香港海员大罢工》《长春我军纪律严明》等连环画和《破获地主武装》《托坯》《恢复》《人桥》等木刻作品，为配合解放战争的胜利起到了很好的宣传作用。[①]

1949年3月，古元接受党组织委派，作为中国代表团的成员，与郭沫若、曹禺、钱俊瑞、许广平、丁玲、田汉、徐悲鸿等人一起，从哈尔滨会合出发，前往布拉格出席保卫世界和平大会。在哈尔滨，时隔7年之后，古元终于与极力推介自己木刻作品的徐悲鸿见面，徐悲鸿感叹于古元的年轻有为，古元也被徐悲鸿的艺术和人格魅力深深折服。会议结束后，代表团前往苏联列宁格勒进行游览，徐悲鸿带古元前往文物商店和书店，并购买了《谢洛夫画集》签名赠给古元，这让古元很是感动。7月，古元又参加了第一次全国文代会，并当选为全国文联委员、美术工作者协会常务理事，并创作了版画《鞍山钢铁厂的修复》。

1950年5月，古元奉调进京，出任中央新闻摄影局美术研究室副主任，其后又在1952年调任人民美术出版社创作室主任，并继续进行木刻创作。1953年，古元恢复了中断多年的水彩画创作，创作了水彩画《古城门外》，自此，古元的水彩画创作和木刻创作并驾齐驱，互相渗透补充，均取得了很高的成就，水彩画也在木刻之外，揭开了古元内心深处的抒情一面。[②]

---

① 曹文汉:《古元传》，吉林美术出版社1989年版，第80页。

② 同上书，第105页。

1956年，古元作为中国文化代表团成员赴印度访问，并兼职担任了新创刊的《版画》杂志的执行编委。

1959年，古元调任中央美术学院任教授和版画系教研室主任，此后便更加专心地从事版画创作，且培育了大量的版画人才。“文革”开始后，古元坚持创作，有《回忆延安》《枣园灯光》等木刻作品问世。并且获得了为西哈努克歌曲集作插图和参加全国美展评选活动等工作机会。“文革”结束后，古元出任中央美术学院副院长，参加了第四次全国文代会并继续当选为全国文联委员，且创作了《十月的喜讯》《初春》等充满欢乐情绪的木刻作品。1980年，古元又当选为中国版画家协会副主席，并在吉林长春和北京中国美术馆举办了回顾性的“古元画展”。1983年，古元担任中央美术学院院长，并创作了《松花湖》《春风送暖》等木刻作品和《晨曲》《银装》《彩虹》《江畔》等水彩画。1996年，才华出众的古元走完了他激情洋溢的艺术人生，在北京去世，这一年，他77岁。

卢鸿基：木刻诗人的不懈吟唱

在北京鲁迅博物馆胡风文库，收藏着著名版画家、雕塑家、艺术理论家卢鸿基创作于抗日战争时期的25幅黑白木刻版画。它们构图简洁、刀法凝练，擅于用整体的黑白色块进行组合对比，于方寸之间蕴含着无限的动感和张力。这些已经微微泛黄的抗战木刻作品，既是精美的艺术品，也是珍贵的抗战文献和时代记忆。它们以粗犷而真诚的笔触，记录了一位命运多舛、饱经忧患的艺术家在硝烟弥漫、颠沛流离的抗战岁月中对理想和艺术的顽强坚守和不懈追求。

卢鸿基，1910年生于琼海市（原乐会县）博鳌港排园村的一个殷实的商人家庭中。父亲卢修銮常年客居崖县经营盐贸生意，为人乐善好施、关心时事且思想开明，对孙中山领导的辛亥革命和苏俄十月革命都表示一定程度的支持和拥护。在宽松自由的家庭环境中，卢鸿基得以全面成长，他先是进入家乡的东山小学进行学习，在新知旧学两方面都打下了良好的基础，后于1925年离开家乡，前往琼山县府的私立琼海中学(今海口市海南中学)继续学业。1926年，大革命的时代浪潮也波及了偏远的海南岛，在进步亲友的影响下，卢鸿基开始接触到马克思主义，形成了革命的人生观和世界观，并开始积极投身于海南当地的学生运动和农民运动。也几乎是同时，他对文学和美术也产生了浓厚的兴趣，曾模仿郭沫若的新诗风格创作长诗《我的认识》，并发表在琼海中学的校刊上。一年后，大革命失败，为躲避国民党反动势力的通缉追捕，卢鸿基返回崖县家中藏匿闲居，期间，他违背了父亲打算送他前往越南读书经商的意愿，继续和进步亲友保持联系。1929年9月，卢鸿基随亲属前往上海，进入私立上海人文艺术大学西洋画系，师从著名美术家关良学习绘画，并自学粉笔画，还在进步同乡的指导帮助下阅读研究鲁迅等人翻译推介的文艺理论著作，由此踏上了充满曲折的艺术道路。

1930年，卢鸿基转入上海美术专门学校继续学习西洋画，并与郑野夫、郭曼果、姚镜澄等人相识，还在姚镜澄的介绍下加入了一个中国共产党领导的外围群众组织。同年3月9日，卢鸿基和同学一起去中华艺术大学听鲁迅作关于《绘画杂论》的讲演，深受震动，并由此开始认识到木刻这一新兴艺术的特点和作用。当年9月，卢鸿基考入国立杭州艺术专科学校绘画系，不久与高班同学季春丹(力扬)、沈福文结识，并在他们的介绍下加入了进步美术团体“一八艺社”。同时，卢鸿基还与季春丹等人组织了“草原”文艺社，潜心研习诗文，且在杭州《之江日报》上开辟了"草原"文艺周刊，并于当年年底在这个周刊上以"卓群弟"的笔名发表了《鲁迅先生谈绘画》一文。1931年，卢鸿基以油画《西泠饭店》(署名卢隐)等两幅作品参加了在上海举办的"一八艺社习作展览会"。为了表达对参加这次展览会的青年艺术家们的鼓励和支持，鲁迅特地写下了著名的《一八艺社习作展览会小引》，饱含着对一代青年艺术家和中国艺术未来的殷切期望：

现在有自以为大有见识的人，在说"为人类的艺术"。然而这样的艺术，在现在的社会里，是断断没有的。看罢，这便是在说"为人类的艺术"的人，也已将人类分为对的和错的，或好的和坏的，而将所谓错的或坏的加以叫咬了。

所以，现在的艺术，总要一面得到蔑视，冷遇，迫害，而一面得到同情，拥护，支持。

一八艺社也将逃不出这例子，因为它在这旧社会里，是新的，年青的，前进的。

中国近来其实也没有什么艺术家。号称"艺术家"者，他们的得名，与其说在艺术，倒是在他们的履历和作品的题目——故意题得香艳，漂渺，古怪，雄深。连骗带吓，令人觉得似乎了不得。然而时代是在不息地进行，现在新的，年青的，没有名的作家的作品站在这里了，以清醒的意识和坚强的努力，在榛莽中露出了日见生长的健壮的新芽。

自然，这，是很幼小的。但是，惟其幼小，所以希望就正在这一面。

我的话，也就是只对这一面说的，如上。[①]

因为进步的思想倾向和艺术形式，这次展览会获得很大成功，在当时的社会上产生了广泛影响力，但也因此招来了国民党反动当局的恼怒忌恨。故而，在当年的九一八事变发生后不久，杭州艺专勒令解散“一八艺社”，卢鸿基的好友季春丹也被校方强制开除。

1932年1月，卢鸿基返回海南省亲，夏天返校途中，在广州逗留，与在广州市立美术学校就学的同学林绍仑同住，自此开始了木刻创作的尝试。当年9月返回学校后，卢鸿基又随现代著名粉画家、美术教育家李超士学习素描，受益颇多，为日后的木刻创作打下了良好的造型基础。1933年1月，因父亲去世，卢鸿基返回海南崖县奔丧，治丧期间，他着手翻译了《巴尔扎克传》《巴尔扎克论》和《愚昧的哲学家》等文艺著作，这些译作后来部分发表在杭州艺专的理论专刊《艺星》上。1934年夏天，卢鸿基在家乡乐会县城举办了第一次个人画展，因为画作的艺术风格过于现代，并没有被当地的普通民众所欣赏接受，这使得

① 鲁迅：《一八艺社习作展览会小引》，《鲁迅全集》第4卷，人民文学出版社2005年版，第316页。

他开始反思自己以往的艺术理念。8月,再一次返校复学后,卢鸿基的艺术观念已由现代派转为崇尚苏联的新写实主义,并因此向学校提出申请,由绘画系转入雕塑系继续学习,师从曾留学法国的雕塑家刘开渠,并很快以优异的成绩获得了刘开渠的认可和赏识。1936年夏,卢鸿基协助导师刘开渠发起组织“中国雕塑师学会”,并以多件雕塑作品参加了该学会的成立展览。秋天,卢鸿基又和刚刚进入杭州艺专学习的罗工柳相识,并很快成为挚友,此时的卢鸿基正在为《杭报》副刊编辑《艺文》周刊,不仅自己为这个栏目撰稿,也邀请罗工柳为之创作诗歌。10月,鲁迅逝世,卢鸿基极为悲痛,不仅在《杭报》副刊上发表了自己撰写的悼念文章,还与鲁迅之弟周建人主动联系,特地拜访,准备为鲁迅塑造一个完整的雕像。对此,周建人积极回应,并寄赠卢鸿基鲁迅照片两张,以行动真诚表达了鼓励和支持。

1937年春,卢鸿基随刘开渠赴南京参加教育部主办的“第二次全国美术展览”,并被邀请为“中华全国美术会”的会员。正当卢鸿基的美术事业渐入佳境的时候,“卢沟桥事变”爆发,全面抗战正式打响。8月,原“一八艺社”骨干胡一川从厦门来到杭州看望卢鸿基,卢鸿基将自己的好友罗工柳、王朝闻引荐给胡一川,并一起彻夜长谈,交谈中,胡一川透露自己即将前往延安,并相约以后在延安会合。胡一川离开后,卢鸿基便投入到慰问抗日伤兵的工作中。11月,日本军队在杭州湾登陆,形势十分危急,杭州艺专师生开始向内地迁移。次年1月,卢鸿基随杭州艺专转移到长沙,在此与已改名为“力扬”的老友季春丹再一次见面，此时的力扬已是一名中共地下工作者，肩负着在流亡学生中发展进步组织的任务。因为“一八艺社”的共同经历，力扬十分熟悉卢鸿基的左翼思想倾向，并建议卢鸿基组织进步同学成立一个读书会，以便开展抗日宣传活动。于是，卢鸿基召集罗工柳、刘宝森(彦涵)、王文秋、杨筠等人成立了读书会，有计划有组织地阅读进步书刊、参加抗日集会、书写抗日标语、绘制抗日作品特别是木刻创作。就在卢鸿基整日为组织宣传抗日救亡而奔走的时候，日军军舰袭击海南岛榆林港的消息传来，对侵略者的愤慨、对故乡的思念以及对亲人的担忧一起涌上了卢鸿基的心头，悲愤之余，卢鸿基构思创作了木刻作品《故乡消息——海南岛的抗战》。这幅后来在抗敌文艺界流传甚广、深受好评的抗战木刻原作至今仍保存在胡风文库(由于版画画种可拓印复制的特殊性，一幅木刻作品可同时有多件原作留存于世，胡风文库所藏即为其中之一)。日后，卢鸿基在撰文回忆这幅木刻的创作经过时，仍然心绪难平。

> 去年的正月二十旬，也是这样冻人的天气，我们跟着国立艺专流亡到长沙，正苦于数月的没有收到家信，一天早上突然看到了敌舰进扰海南岛榆林港的消息，我当时呆了半天，虽然报上明明说已为我守军击退了，而激愤的神经难以平静，使我十几天就在这激愤之中消磨时光，什么都不想做，只念着几位老母，几位妹妹与弟弟，念念着家乡的园林、椰丛，想着碧青的海。过几天才制

成了一张木刻:"故乡消息"。然而也只想念而已,实际上是一点用处也没有的。怀恨并不能使敌人觉悟,一诗一画也不能打退敌人,这我是知道的,□□□□□□□□□□,及诗画虽不能使敌人觉悟或打退敌人,然而至少可以广召友人由此而生一种比个人要大,比一国一族要多的力量,这力量就可以致敌人之死命,于是我又记起了我的这张"故乡消息"。不只单纯的挂念故乡了。

也就是去年六月。美术界为了远道而来的国际艺术代表们及友人开了个抗战美展,教他们看看我们美术界为抗战而做的工作。我也就将去岁所作的木刻陈列了出来,并加写 La Nouvelle de mon Pays 这么一句洋文的说明。画面就是我所常常行走的榆林港,前景是好些土人与守军向敌舰开火抵抗。但是那几位先生似乎并不怎么注意这一张。只有安娥女士却给感动了。她在观后记(去年六月十六的大公报战线)上说:"'故乡消息'一幅,使我们完全感到一位热情画家对故乡的关切心情。"一点不假,我对这热带的故乡关切的心情是比故乡的热还要热上千万倍的。

我那里能不关切我的故乡呢?它是我的父母之邦,我的出生地。我的母亲姊弟在那里,我的一切亲人在那里,我在那里生活过十余年,我的童年的世界及伴侣都在那里,更何况那里的自由而富于革命精神的一点奴隶性也没有的纯朴的农民,那诚恳而勇悍的可爱的农民，那美的澄碧的海，□□的帆船，茂密的椰丛，美丽的木棉花，吵闹的鹦哥，长夏而又并不热炽的气候，这些都是我时刻记挂的对象。

我真那里能不关切我的这故乡，它是中国的乐土，东方的雅典，虽然它没有雅典那么高的文化艺术，甚且可以说它是半开化的，然而那里的人民生活相，那里的一切表现不都是诗的艺术的么？而同时它又是个宝藏，又是个军事上必争的要地，也就为了这成了法西斯强盗们垂涎的一块美膏，而我也从儿时懂得抵制日货的意义起，就一直为它担心了。像历年来的东西群岛事件，大前年的北海事件以至八一三抗战开始，都是岌岌可危的一块地方，但又都为了不是一张灵符似的法国的一张白纸就是因了它的泥脚已向东边深入，所以终于虽使人关切而竟放心了这么久。

这故乡，我离开了也快十年了，这十年中虽也时常回去，而且有时住得也不算短暂。最后一次归去就是大前年，住了二月，于北海事件正在闹起的时候离开的，而每当离开，就连什么关于故乡的消息也没有了。连很重大的事故也不知道，那原因是没有人给我写过一封比较详细的信。便是第一次跑回去过海岛生活的妻也不肯给我知道这一点我所急于知道的故乡消息，只让我无可奈何地对故乡生怀念，因此也使我成了怀乡病者，这安娥女士所说的大概就是由此而来的吧。[①]

北京鲁迅博物馆胡风文库所藏的这幅题为《故乡消息——海南岛的抗战》的木刻原作，长13厘米，宽13.9厘米，画面左下刻有卢鸿基姓名的法文注音“Louhonky”，画面下方印有标题“故乡消息——海南岛的抗战”。画面的远景为三艘悬挂着日本军旗的军舰正在缓缓地向岸边靠拢，近景为五六个代表着海南岛当地守军和乡民的黑色人影聚拢在岸边，面朝敌舰靠拢的方向，预备随时开火打击。画面并没有直接展示战斗的激烈场面，但是大战前夕的这种令人窒息的寂静，却更为凝重、紧张，有一种蓄势待发的力量感，引发了观众对即将打响的战斗的联想和担心。而且，不管是远景中的敌舰还是近景中的战士，都没有占据画面太大的空间，画家利用大部分空间刻画的，反而是海南岛榆林港的独特景致：高耸的椰树、松软的海滩、波光粼粼的海水以及远处的岛屿，无不显露出旖旎的热带风光和诗情画意。画家对画面布局的这种安排设计，不仅增加了这幅木刻作品的美感和韵律，抒发了自己的思乡之情，也加重了这幅作品的悲剧色彩：悲剧，即把美好的东西毁灭给人看，海南岛优美的自然风光、宁静的生活环境，如今却不得不暴露在敌舰的进逼和炮火之下，更加令人感到扼腕痛惜，进而产生对日本侵略

① 卢鸿基：《怀海南岛》，《卢鸿基文集》，中国美术学院出版社2008年版，第28—29页。

者的愤慨和仇恨。卢鸿基为展览这幅木刻所加注的法语说明“La Nouvelle de mon Pays”意为“我的国家”，也正是表达了这样的情感意蕴。写过《卖报歌》和《渔光曲》的安娥是一位诗人，她之所以被这幅小小的木刻作品打动，就是因为读懂了卢鸿基透过这幅木刻所展现出来的浪漫气质和热烈情感，这是专属于诗人的气质，也唯有诗人能懂。同样，卢鸿基也对安娥的评论心有戚戚，故而在回忆文章中给予了特别回应。

故乡消息——海南岛的抗战

在长沙，卢鸿基除了组织参与读书会的抗日宣传活动外，还因身负诗才，被力扬邀请和长沙的一些作家筹备成立诗社，诗社成员有常任侠、程千帆、孙望等人，这些人日后大都成为颇有建树的诗人或文学史家。1938年3月8日，长沙《抗战日报》刊登了常任侠、孙望、力扬、卢鸿基、张曙、罗岚、钱君匋等人的"致抗战诗歌工作者"的公开信，信中呼吁：

号召我们一切的诗人，一切爱好诗歌的青年战友，来加入我们所发起的"诗歌战线社"，集体的创作，集体的讨论，以千万个洪亮的声音，向祖国，向人民，向自由，向神圣的抗战，向春天的太阳，大声地歌唱！①

此外，诗社成员们还计划出版一个名叫《五月》的诗画刊物，为此力扬特地介绍卢鸿基与茅盾相识，茅盾对卢鸿基的木刻作品很是喜欢，并帮助卢鸿基将一部分木刻作品发表在《抗战日报》上。1938年4月，因卢鸿基在进步学生运动中表现积极，引起了杭州艺专校内的国民党训育部门的监视关注，因而他和罗工柳等人在力扬的邀请下来到武汉，参加正在组建的国民政府军委会政治部第三厅的抗战宣传工作。在武汉，卢鸿基等人与时任第三厅第六处(艺术宣传处)少将处长的田汉见面，田汉对他们的到来表示热烈欢迎：

看过你们的木刻，很好！希望你们来负责木刻工

① 卢家荪：《卢鸿基公年谱》，《卢鸿基文集》，中国美术学院出版社2008年版，第834页。

作。要好好把木刻工作做好，鲁迅先生提倡木刻，培养了不少人，我们也要提倡木刻。抗战中，木刻的作用是要大大发挥的。你们要好好把木刻界联合起来，可以搞个全国的木刻团体。①

之后，田汉又专门对卢鸿基谈到了自己的期望：

卢先生是海南岛人么?！你的“故乡消息”刻得很好！有地方特色。听说你是学雕塑的，能否在这方面也计划一下?！②

田汉的鼓励，使卢鸿基很受感动，他当即表示一定尽力圆满完成交付的各种任务。在田汉的安排下，卢鸿基出任第六处第三科(美术科)上尉研究员，和罗工柳一起专门负责木刻方面的工作，他们陆续找到了马达、力群等当时正在武汉的木刻家，经过商议后于1938年4月16日成立了“武汉木刻人联谊会”，并在次日的武汉《新华日报》上刊发了《武汉木刻人联谊会启事》：

武汉木刻人联谊会于四月十六日上午开成立大会，到会者有马达、力群、卢鸿基等十余人，议决事项

---

①② 卢家荪：《卢鸿基公年谱》，《卢鸿基文集》，中国美术学院出版社2008年版，第835页。

颇多，并推定力群、马达、卢鸿基、珂田、建庵五人为理事会理事。晚间召开理事会议，议决最近工作：一，开木刻研究班，——于本月廿五日开班，二，开木刻展览会，——于五月一号开幕，三，木刻壁报——不日即可刊出等等数项。预料今后木刻运动，将有迅速开展云。

一九三八年四月十六日[①]

接着，5月初，卢鸿基又和马达、罗工柳、黄铸夫、刘建庵等人成立了“中华全国木刻作者协会筹备委员会”，且于26、27、28日连续三天在武汉《新华日报》一版上刊发了《中华全国木刻作者协会筹备委员会启事》：

本会乃根据全国各地木刻作者之要求并由在汉木刻作者座谈会选举马达、力群、李海流、李桦、新波、卢鸿基、刘岘、胡一川、赖少其、钟惠若、陈伯容、丰中铁、段干青、陈烟桥等廿七人负责筹备大会之成立，兹为求熔全国木刻作者于无遗及集中意见，特希各地同志即将下列各项填就速寄本会。此启

始名：　　性别：　　年龄：　　籍贯：

---

① 《武汉木刻人联谊会启事》，《卢鸿基文集》，中国美术学院出版社2008年版，第803页。

家庭状况：　　　　　　从事木刻经过：

最近工作情形：　　　　对木运及本会的意见：

对大会的提案：　　　　永暂通讯处：

地址汉口花楼街大蔡家巷民新学校内①

6月12日，“中华全国木刻界抗敌协会”在汉口成立，在成立大会上，卢鸿基当选为常务理事，并分工负责木刻展览工作事宜。与此同时，以这个协会名义举办的“全国抗战木刻展览会”也正式开幕，共展出木刻作品204幅。在筹备“中华全国木刻界抗敌协会”和组织展览的过程中，卢鸿基又创作了不少新的木刻精品，如《朗诵诗》《儿呀，为了祖国，勇敢些！》《母与子》《朱德将军及其伙伴》《谁使你们流亡》等，这些作品除了参加展览外，还陆续在《五月》《木刻选集》等刊物上发表，还和其他抗战木刻作品一起被选送到英、法、美等国进行展览。其中，《朗诵诗》《儿呀，为了祖国，勇敢些！》《母与子》这三幅木刻的原作，至今依然保存于北京鲁迅博物馆胡风文库。

胡风文库所藏的《朗诵诗》原作，长12.8厘米，宽10.1厘米，画面右上刻有“1938 Louhonky 朗诵诗”的字样，画面下方印有标题“抗战中诗人的任务”。占据画面大约三分之二的，是一位身材高大而瘦削的青年的背影，这位几乎是背向着画外观众的

① 《中华全国木刻作者协会筹备委员会启事》，《卢鸿基文集》，中国美术学院出版社2008年版，第804页。

青年正打开一本诗册，专心致志地进行朗读，簇拥在这位青年身边的，是大大小小数十个面容，其中近景中靠近青年的七八

朗诵诗

个面容的表情或凝重或悲伤或惊诧，但无不显示出认真聆听的姿态。无疑，这位青年正是在进行抗战诗歌朗诵的诗人，而簇拥在他身边的这些面容，也正是被他的诗歌朗诵所感染打动的群众。这幅木刻作品无声胜有声，以传神的现场感表现出抗战诗歌朗诵运动的浩大声势和强烈反响，因而也成为抗战木刻运动中的名作，于1946年被全国木刻协会收入《抗战八年木刻选集》出版。这幅抗战木刻名作的创作，融入了卢鸿基自身的生活经历与诗人情怀，也离不开好友力扬的指点与帮助。根据卢鸿基后来的回忆，这幅木刻起初的命题者和模特正是力扬。

> 到三厅后，季春丹和我都在美术科工作，他搞装饰美术，写美术字，我们刻木刻，也画宣传画，而且还是搞诗社。我的木刻《朗诵诗》，就是力扬出的题目，

并由他当模特儿刻成的。[①]

1938年7月,武汉会战失利,卢鸿基随第三厅部分同事经由衡山、桂林等地撤退,于次年1月抵达重庆。不幸的是,在桂林时因为敌机空袭,卢鸿基历经千辛万苦携带到桂林的"全国抗战木刻展览会"的全部作品均毁于轰炸。到达重庆后,卢鸿基一面和"中华全国木刻界抗敌协会"的外埠理事丰中铁交涉有关协会的管理事宜,一面和在《新华日报》工作的常务理事黄铸夫恢复了联系。1939年4月,"中华全国木刻界抗敌协会"又收集到570余幅木刻作品,并举办了"第一届全国抗战木刻画展览",卢鸿基创作的《他举起了投枪》等木刻作品也参加了此次展览。此次展览十分成功,引起了苏联方面的兴趣,于是中苏文协便出面邀请展览去苏联展出。卢鸿基担任了中苏文协的艺术联络员,直接负责这个展览的作品征集工作。同年5月,"中国抗战艺术展览"在莫斯科东方文化博物院举办,这是中国新兴木刻艺术在国外的第一次正式展览,取得了良好反响。这一年,卢鸿基先后被选为"中华全国美术会"常务理事和"中华全国文艺界抗敌协会"会员,且在重庆与胡风相识。因为卢鸿基才华出众且性情直率,故而与同样真性情的胡风十分投缘。对这位个性十足的木刻家朋友,胡风曾有过这样的回忆:

---

① 卢鸿基:《怀季春丹》,《卢鸿基文集》,中国美术学院出版社2008年版,第405页。

一天，路翎和阿垅来访，留住在这儿，我们一起去看望卢鸿基。卢因患肺结核在这里租了一间民房养病，由文工会照料，并将他的弟弟从海南岛找来管理他的生活。但他很感寂寞，希望常有人去看他，和他聊聊闲天。我在乡下时总抽点时间去看他，他对艺术很有一些看法，尤其是对木刻。只是，他说话声音很低，又是海南口音，我听起来很吃力。他爱发牢骚，甚至骂人，同事们都不大敢去亲近他。这次我带路翎和阿垅去看他，他很高兴，因为他一直很喜欢他们的作品。他谈到自己的一些看法，阿垅很受感动，往后他们就一直保持了通信来往。我也要他将看法和心得等写成文章，帮他找地方发表，这样能使他的精神有所寄托。①

同样，胡风对卢鸿基诗才的认可，也颇让卢鸿基有“知音”之感：

鸿基公生前曾多次谈起这么一件事：抗战期间，作为“文协”会员，他常有作品在“文协”主办的《抗战文艺》上发表。其中有篇题为《海》的散文，在发表时放在刊物的诗歌栏中，且排在第一篇，这使鸿基公有

① 胡风：《胡风回忆录》，人民文学出版社1993年版，第311—312页。

些迷惑，便向胡风提起，不料胡风说，“本来是诗嘛！雪峰也这么讲。”鸿基公听后顿觉释然：我本来就是写的散文诗，还真让你们看出来了。从此，鸿基公的写诗热情更为高涨。[①]

在胡风的邀请下，卢鸿基除了在《七月》杂志上发表了《M.高尔基像》和《他举起了投枪》两幅木刻作品外，还发表了《抢做通俗代表的论客》《从能动的画说起》《关于塑铸汪逆夫妇跪像的通信》《A.克拉甫兼珂》等美术评论文章，进一步提高了自己在抗战美术理论方面的知名度和影响力。此外，1939年春，在胡风的鼓励下，卢鸿基和洪毅然、王琦等人创办了《战斗美术》杂志，力求加强对优秀抗战美术作品的宣传和推广，这本杂志的创刊号发刊词《编者的话》这样写道：

正常闹着美术粮食恐慌的时候，本刊第一期的出版，不但是读者们感到非常的高兴，就是我们也好像打了一场大胜仗一般的快活。

自然，我们并不因了做到这点稀微的成绩便沾沾自满：相反的我们正觉得本刊在各方面都还非常的不够，第一期无疑的存在着许多缺点，它的内容是不是

---

① 卢家荪：《诗情永绕海之涯》，《苦瓜棚诗词遗稿》，长征出版社2007年版，第243—244页。

真正合乎读者的需要,是否能真正担负起推动抗战的任务,的确不得不使我们怀疑,解除这怀疑的最好方法,便是向读者学习,向读者请教,这就是说,每一个爱护本刊的读者,他一定要毫不客气毫无隐瞒的指出本刊的缺点:并随时指示本刊一些宝贵的意见,因为只有读者的意见,才是最可靠的意见,而且也只有忠实地接受读者的批判,才是使本刊不断的改进的有力保证。

我们很诚恳的希望读者们答应这要求。

因了篇幅的限制,所以警华的名画展览骆风岳华的画搞(按:稿)王大化的木刻稿,都只好在下期与读者见面了。①

在卢鸿基和王琦的恳请下,胡风也为《战斗美术》创刊号写下了《关于造型艺术上的现实主义一感》一文,在文中对抗战时期的现实主义造型艺术提出了这样的期望:

造型艺术上的现实主义是什么呢?那首先当然是作者对于现实生活的真切的认识,从这里把捉主题。然而还不够,必须在构图上能够把这一历史性的

① 《编者的话》,《卢鸿基文集》,中国美术学院出版社2008年版,第805页。

主题在平面上浮现。这以后，或者说和这同时，得有能力运用和这个主题的内容相统一的、有生的色彩或线条表现出这个主题所包含的生命。要这样，画面的形象才能说出真的人生，观众的感受才能生出真的力量。[①]

在多方努力下，《战斗美术》如期出版并获得很大成功，但因为战时的艰难条件，这个刊物只出到第三期就被迫停刊了。1939年10月，重庆文化界举行纪念鲁迅逝世三周年大会，胡风为此特地请卢鸿基前来协助布置会场并绘制大幅鲁迅像，且在日记里留下了相关的记录。

1939年10月16日 ……卢鸿基来，他画好了纪念会用的鲁迅像。

1940年元旦，“中国艺术展览”再次在苏联莫斯科展出，其中有卢鸿基的7幅木刻作品。两天后，苏联艺术评论家欧希包夫在《消息报》上发表评论文章，对卢鸿基的木刻作品表示欣赏。这一年的7月，应苏联《国际文学》约请，卢鸿基为它的“中国文艺专号”撰写了《抗战三年来的中国美术运动》一文，后来

① 胡风：《关于造型艺术上的现实主义一感》，《评论I》，《胡风全集》第2卷，湖北人民出版社1999年版，第562—563页。

发表在《中苏文化》抗战三周年纪念特刊上，在文中，卢鸿基对各位知名抗战木刻家的作品进行了逐一点评。

这三年中，可以提出的有老作者铁耕、一川、温涛、江丰、罗桢清、新波、沃渣、野夫、马达、力群、陈烟桥、张望、王朝闻以及新的作者罗工柳(其实也应是老作者，假使说抗战前后来分的话)、王式廓、古元等。自然，李桦是不能被忘记的，可是他这三年来的成就与其说在木刻勿宁说是在速写上面了。

铁耕的作品有《论新阶段》连环图(见《敌后木刻》)和一些别的画面(可惜记不起题目了)。从这些上面见到作者是不肯马虎的。一川、温涛好像少有进境。江丰的描写老百姓慰劳和帮助八路军的画面，是很注意于采取中国木刻的长处的，只可惜构图有些松懈：对抬礼物——猪——及搬东西的人物没有把受压力作用的变化表现出来。罗桢清仍然以纤腻的笔致描写一些勇士和游击队。新波的路碑中一些作品(作者老在犯左手开枪的错误)和野夫的(逃难)(见《七月》)，沃渣的《总动员》《抢救》还算是好的成绩。马达仍然摆脱不了法服尔斯基的模仿，能代表他的是高尔基像。力群虽然不苟下刀，却是一个缺少创作能力的作者。陈烟桥是很想创作好现实主义的作品的，但结果又总是成为他所厌憎的公式主义底的，而且刀法仍很乱。……张望像也少有进境。王朝闻是一个老作者,因为不会活动,像不大为人所知。但他却是一个很有天分的作者,这天分固然表现在他的连环画中(如姆妈、骆振雄搬兵),他还是漫画作者,可是在他的叫作《难民》(见英文版中国作家第二期)的木刻也充分表现了出来。至于新的作者罗工柳是以刻肖像,充分的表现出光与暗的关系见长的,作品中有史大林像,朱德将军像,在那中间我们可以见到他所依靠的是素描,即不是临本。在肖像上恐怕没有超过他的。此外的《进袭》(原名夜袭)我还是应该提一提的,它描写几个兵匆匆地向前袭击,巧妙地用黑白把它表现出来,不独全幅结构及情调都显得紧张而美妙,而且在观者的接受上也很容易接受,总之是平常的写实的而又美的画面。……

王式廓的垦荒,同样的给我们看见稳重的构图和从作者的素描技巧上表现出的努力后方建设生活中的民众。古元的《打场》(鲁艺生产运动之一)——见《七月》五集二期——给我们一幅别开生面的结构的尝试。作者的表现手法是相当成熟的(作者还有一套更好的连环木刻),不过在这个尝试上,我们也看到一些不可免的缺点:右边铲土的人物把沙土向后边丢去,而没有转一个身倾向画面的中心,左面两个谈话的人物虽则把重心拉住致外倾,然而整个的画面上说总有快要裂开来分而为两张画的危险。[①]

卢鸿基在文中的点评犀利明快,但也非常容易招致文中受点评的一些抗战木刻家的不快,这就为卢鸿基日后在职业发展方面的挫折困顿埋下了一定诱因。1941年1月,国民党制造了皖南事变,掀起了第二次反共高潮。在这次事件的刺激下,卢鸿基忧愤交加,引发了原有的肺病,此后不得不长期卧床休养。3月,"中华全国木刻界抗敌协会"被国民党强行解散。在万分艰难的处境中,卢鸿基仍然尽自己所能,推进抗战木刻运动。与丁正献等人以政治部"文化工作委员会"的名义举办了"战时木刻展览会"。11月,他们再次以"文委会"的名义举办了"第二次全国木刻展览会"。此外,卢鸿基还利用自己的文字才能,在养病之余发表了大量美术评论,坚持进行抗战木刻运动的宣传介绍。

1942年1月3日,新的全国性木刻组织——"中国木刻研究会"在重庆成立,卢鸿基再次当选为理事,6日,由卢鸿基起草的《中国木刻工作者致苏联木刻家书》同时刊登在《新华日报》和《新蜀报》上,以"中国抗战木刻工作者"这一集体身份对同在反法西斯战争中作出贡献的苏联同行致以崇高的敬意和切磋交流的意愿。

---

① 卢鸿基:《抗战三年来的中国美术运动》,《卢鸿基文集》,中国美术学院出版社2008年版,第107—109页。

中国的木刻工作者，站在辽远的国土上，遥向着你们英勇的姿态表示着无限的敬意与钦佩，过去，我们会得到你们宝贵的经验和教训，记得在一九三五年，我们曾能得到你们数百幅版画，来中国展览，在那些作品中，我们吸收了很多艺术的方法与作风，再经过在战斗中的锻炼，我们把民族固有的木刻作风和这些外来的新作风触成一种新的民族的现实主义的作风，今日，我们稍稍有一点成绩，比起你们来，一定是很觉惭愧的，但是我们不嫌这些，一时把我们的作品送给你们，请你们批评，而同时也希望你们不惜把作品赠送给我们，这期望已经久了，因为我们想得到一年来你们飞跃的发展与进步，尤其学得从新的战斗中得来的经验。我们确信你们不会辜负我们的殷切的期望，同我们确信你们一定不会辜负全世界进步人士对于你们的伟大期望一样，能够继承过去光荣的传统，把强敌扑灭在你们广大的土地上，同时，我们也将以最大的努力在另一个战场加倍打击敌人，来回答我们的战友，并作为我们对你们的敬礼！①

抗战后期，因为严重的肺结核病，卢鸿基长期处于休养的状态中。抗战结束后因国共和谈破裂，中共代表团一面准备迁

① 《中国木刻工作者致苏联木刻家书》，《卢鸿基文集》，中国美术学院出版社2008年版，第815页。

往南京，一面开始部署对进步文化人士的疏散。考虑到自己的实际情况，卢鸿基直接致信周恩来，提出了返回家乡休养的想法。1946年6月，在中共地下党组织的帮助下，卢鸿基乘飞机从重庆飞往广州，之后返回海南，在海口海南医院进行疗养。返回海南后，卢鸿基深感内心的寂寞苦闷和地方上帮闲文人的无聊，特作《浣溪沙》词两阕：

一

万里还乡未到家，旧游咫尺也天涯，更无人可话桑麻。

“博士”空心盘讲席，饥民微语惜鱼车，山川如画墨云遮。

二

万里还家未到家，层楼疲上兴何奢，相随一领破袈裟。

坐对群仙供笑语，起观北斗浴光华，凭栏且笑合欢茶。[①]

并自作笺云：

---

① 卢鸿基：《浣溪沙》，《苦瓜棚诗词遗稿》，长征出版社2007年版，第4—5页。

1946年夏，我潜归海口，养病海南医院。时国民党驻军头子蔡劲军粉饰太平，邀一些所谓“学者”过海讲学，住琼海中学(今海南中学)——此我母校也。学者们多趋奉炎热，鱼车之奉甚盛，饥民不胜惋惜之也。

卢仝：“万里还乡未到乡”。[①]

1947年5月7日，在给老友胡风的信中，卢鸿基也谈到了自己居乡养病期间的苦闷(该信现存北京鲁迅博物馆胡风文库)：

胡先生：

别来又一年过去了，时刻怀念着，却没有写信，千头万绪，不知从何说起。而且，又怕写了得不到先生的回信，在我是一方面怕难过，一方面也怕搅扰了先生。然而终于禁不住对先生的怀念，于是胆敢写了。

您们都好么？先生、胡师母、晓谷以及小妹妹们？在上海的情形我都不清楚，只是偶然从《文汇报》上知道一点。还看到了先生的《丁亥年预言》。

我去年六月廿五到广州，还见了周行兄一面；七月初离广州，在海中漂了十一天，这可把我身体整坏了。抵此后即不好过，一直卧在医院里，还没有回家去。姐

① 卢鸿基：《浣溪沙》，《苦瓜棚诗词遗稿》，长征出版社2007年版，第5页。

姐在家，鸿谋也回来了，我就乐得仍然养我的病。产业和生意的事原要鸿谋去理，但他仍是终日醉昏昏，每天谈谈就过日子，到现在还未弄妥，于是等于只有消费，没有生产，仅靠卖年来的积谷及牛只过日子。□□□□□□这样卖下去也会卖光的。我还算勉强过了日子。因为鸿谋那里接济不足时，都是靠一位舅父（从的）帮了忙，他做生意赚了点本。我也领了一个学校的聘书了，六小时，十二万元，课则由一位老同学代上。医院内只出饭费，住院医药费从去年起就欠着。

医生一直说不要紧，甚至说我好了，想不到二月间照了X光线，乃知大大退步。从三月起打空气针，现已见好转。还要养呵，烦得很，在这海角天涯。

回来后就画了点素描，也塑像，想弄点生活费。但从二月起就停止不弄了。寄上张照片，看看有点进步否吧。对了，还开了个展览会，卖了一点门票。还不坏，可以支持二三月。

在这海外，真寂寞呵！无人可谈，无书可看。这边人不大喜欢看书，有了也不好销。一个书店老板日前来说，连《中学生》《开明少年》十本都销不完，也许近来人们更买不起书了。《七月诗丛》这里已有得卖了。我多时不走书店了，是见青年们买的。

《希望》还出么？这边没有见过。这边只有《文艺复兴》《文艺春秋》《清明》，但我终未得读到。想叫那书店老板也贩点《希望》。您们能寄点来么?

祝

愉快!

鸿基敬上

五月七日

于海南医院

回信:海南岛,海口,海南医院。

虽然卢鸿基在家乡养病期间极为焦灼懑闷,但他还是尽自己所能做了不少实际工作。1947年4月,卢鸿基在海口举办了个人美术作品展览,还为当地的《和平日报》主编“椰风”文艺副刊,并发挥自己的文字才能,写作了不少时政评论和美术评论。当然,卢鸿基的这些进步活动又一次受到了国民党当局的特别关注,于是他不得不一再搬家,隐居转移。

1950年4月,海南获得解放,卢鸿基参加了海南区文联的筹备工作,又先后当选为海南区第一届人大代表和广东省第一届人大代表。12月,卢鸿基接到中央美术学院华东分院(后改称浙江美术学院,即今中国美术学院)院长刘开渠的聘请,前往杭州出任雕塑系教授兼院刊《美术座谈》主编。1953年,卢鸿基接受国务院的委托,担任了主持设计建立大连苏联红军烈士纪念碑的重任,并于1955年顺利完成任务。之后,卢鸿基被调离了雕塑系,转任理论教研室教授兼院刊《美术与教学》主编,于艰难之中仍完成了《海南岛的游击队员》《周恩来胸像》等雕塑作品,并受到业内好评。1984年12月,他从1938年4月进入第三厅参加抗日救亡工作的革命履历终被组织承认,且在病榻上被批准加入了中国共产党。仅仅1个月后,这位坎坷一生也吟唱一生的木刻诗人溘然长逝。

(原载于《鲁迅研究月刊》2021年第6期)

王琦:宠辱无惊是我心

在北京鲁迅博物馆胡风文库的抗战版画收藏中,存有6幅由著名抗战版画家王琦创作的木刻原作。它们构图流畅、线条洒脱、动感十足,有着很强的艺术感染力。作为最后一位辞世的抗战木刻家,王琦一生经历了太多波折变化和荣辱起伏,但他皆以平和心态淡然处之,这种超然态度让他有惊无险地渡过了一个个人生关口,也令他的木刻艺术呈现出一种别样的特色和魅力。

王琦,1918年出生在宜宾一个非常富足的家庭里。父亲是一位著名的实业家和教育家,曾任宜昌川江轮船公司经理、重庆民生实业公司董事、重庆书店股东、上海良友公司股东、重庆江北县盐局局长等职务,还曾出任重庆宏育中学和江北治平中学的校董。王琦的父母均思想开明,有着良好的艺术素养,也很重视对子女的文化教育,自王琦年幼时便着力培养王琦在音乐美术方面的才能。1924年,王琦进入家办私塾“恒德学校”学习,并受到身为共产党员的国文教师陈小寅和英文教师喻麟祥的进步思想启蒙,还跟随美术教师袁亭楷学习音乐和绘画。1932年,因为父亲去世,家塾“恒德学校”解散,王琦转入治平中学继续学习。1934年,王琦考入上海美术专科学校西洋画系,在跟随倪贻德学习了基本的素描知识后,又进入张弦担任主任教师的画室进行进一步学习,张弦的画风接近欧洲现代派,又极为重视素描基本功,这给年轻的王琦很深的影响。此外,王琦还跟随向培良学习艺术理论,阅读了厨川白村撰写的《苦闷的象征》《出了象牙之塔》《走向十字街头》等文艺理论著作,从中获益匪浅。在上海美专,王琦爱好广泛,除了体育、音乐和电影之外,也对新兴木刻版画艺术产生了浓厚兴趣。不仅大量阅读刊载木刻作品的报纸、刊物,还收藏了《世界美术全集·西洋版画篇》《引玉集》《苏联版画集》《凯绥·珂勒惠支版画选集》等木刻画册,还多次参观版画展览。在校期间,王琦和其他同学一起,按照学校要求,先后跟随张弦、刘抗等指导老师赴青岛、杭州、南京等地旅行写生,从中获益颇多,磨练了画艺。

1937年上半年,王琦从上海美专毕业,原本计划进入潘玉良在上海美专开设的研究班画室继续进行学习,其后赴法国深造。但七七事变的爆发,使得王琦不得不搁置出国留学的计划,从上海返回重庆。1938年初,为参加抗战,王琦与上海美专的同学丁正献在重庆一起投考了航空军官学校,然而双双落榜。其后,在倪贻德的介绍下,王琦与丁正献一起进入国民政府军事委员会政治部第三厅艺术处美术科工作,结识了王式廓、周令钊、冯法祀、力群、卢鸿基、罗工柳、李可染等进步美术家，并继续与在上海时就相识的中共地下党员胡春浦、罗髫渔交往。在第三厅，王琦完成了《4·29武汉大空战》《忠烈的空军阎海文》《南口战役》等宣传画，但第三厅日益复杂的人际关系和工作环境还是使王琦萌生去意，渴望在一个崭新的环境里实现自己的艺术抱负和报国意愿。于是辞去了政治部第三厅艺术处美术科的工作，与冯法祀一起奔赴延安，并进入鲁艺美术系第二期学习，与王琦一同学习的学员除冯法祀外，还有彦涵、邹雅、杜芬、华山、徐特、张仲纯、钮因棠、沙季同、夏林、古达等人。按照鲁艺美术系的课程安排，王琦开始跟随指导教师沃渣、胡一川学习木刻，第一幅作品刻画了三个游击队员负枪上前线，虽然素描稿受到胡一川的称赞，但终因初习木刻，对木刻刀的性能还不熟悉，未能成功完成此幅作品。1938年11月，王琦在鲁艺美术系第二期的学习顺利结束，等待工作分配。出于对提高艺术基本功训练的考虑，王琦决定离开延安，返回重庆，找机会继续进修绘画。1939年初，王琦返回重庆家中，开始进行木刻创作，先后完成了《恩格斯头像》《马克思头像》《列宁头像》《在冰天雪地中的游击队》《伏击》等木刻作品。王琦在第三厅的前同事卢鸿基、钱远铎等人看到这些作品后，劝说王琦此后专习木刻，不要再从事其他画种的创作。就此，王琦正式走上了职业版画家的道路。

1939年3月28日，王琦的木刻作品《在冰天雪地中的游击队》在当天的《新华日报》副刊登出，这是王琦首次公开发表木刻作品。在收到用稿通知后，王琦亲自到访《新华日报》编辑部，结识了副刊主编戈宝权和兼任“全木协”理事的美术编辑黄铸夫。几乎与此同时，王琦与卢鸿基、冯法祀、丁正献、黄铸夫等人商议，决定创办《战斗美术》，对于此事，王琦有着这样的回忆：

创办《战斗美术》卢鸿基特别热心，他过去在杭州艺专（即国立杭州艺术专科学校）求学时，便与同学王朝闻、洪毅然一同办过《艺术论坛》刊物，我和冯法祀、卢鸿基、丁正献、黄铸夫在我家里开过好几次会，大家决定刊物定名“战斗美术”，为民族解放战争服务的美术刊物，就由我们这一群年轻人来摇旗呐喊了！刊名请郭沫若题写，主编由卢鸿基和我两人担任。洪毅然和王朝闻在成都，负责在成都的联络和征稿工作，刊物还邀请了周恩来、郭沫若、阳翰笙、茅盾、杜国庠、洪深、艾青、力扬、胡风、田汉等为赞助人。①

《战斗美术》的编辑部就在机房街105号我住的亭子间里，大约有7平方米，只能放一张床，一张写字台和两把木椅，每次开编辑会议都在这亭子间。卢鸿基经常从乡下赖家桥三厅办公地赶进城来，也是到这里来和我共同研究并处理编务。排版式、跑印刷厂、校对等杂务都由我一人承担。当时也不知从哪来这么

① 王炜编：《世纪刻痕：王琦、王炜艺术对话录》，湖南美术出版社2015年版，第45—46页。

一股热情和干劲，常常每天十小时以上地工作，一点也不觉劳累，反而感到十分舒畅愉快。[①]

开始筹办刊物后，王琦和卢鸿基便开始四处约稿，并为此专门去胡风家中拜访，多年以后，王琦这样回忆当时的情况：

……我和卢两人又去胡风家请他写文章，胡风住在两路口一幢简易房的楼上，大约只有12平方米，屋子里只有一张狭小的双人木床，一张小写字台，两把长条木板凳，写字台上除了放着零乱的稿纸以外，还有一本《列宁主义问题》。胡风的夫人梅志看见屋子里人多，抱着在怀里吃奶的孩子出外去了。屋子里除我与卢鸿基外，还有《新华日报》的袁勃和范元甄两位同志来访。卢鸿基过去和胡风便有交往，我是第一次和胡相识。我们把办刊物的事向胡陈述了一遍，胡表示极力支持，满口答应为创刊号写文章，并说几天后一定把稿子寄来。

……胡风的文稿寄来了，不到两千字的一篇短文，题目是《关于造型艺术上的现实主义一感》，文中举出蔡若虹的一幅素描画《血的哺育》，他推崇此幅作品是稀有的现实主义杰作。我们把这篇文章和刘开

① 王琦：《艺海风云——王琦回忆录》，人民美术出版社1998年版，第37页。

渠的雕塑作品排在创刊号的第一页。[①]

在1939年的胡风日记中，也记录了与王琦往来的相关情况，与王琦的回忆互相印证：

1939年3月9日 ……下午，卢鸿基、王琦来，庄涌来，常学墉来，靳以来。

1939年3月18日 下午，王琦、甄陌来，厂民、程铮来。

1939年3月29日 ……卢鸿基、王琦来，袁勃偕范元甄女士来。

《战斗美术》出版后，以其热情的战斗精神和高昂的爱国情怀，吸引了一大批读者。王琦除了编辑刊物外，还一鼓作气，在这个刊物上发表了《守望》《看——祖国的原野还在燃烧》《神枪手在密林里》《冲过卢沟桥》《我救护队英勇救护之情形》《野蛮的屠杀开始》《繁华市区被投下烧夷弹》《粉碎敌机疯狂暴行》《灾民临时住所之一瞥》《外国领事馆亦遭炸毁》《一群无家可归的灾民露宿在郊外》《军渡》《战斗的原野》《骡马运输队》等木刻作品。但可惜的是，由于刊物需要编委自费出版，有着很大的经济压力，再加上“重庆大轰炸”的破坏，市民生活被打乱，物价也随之飞涨，纸张和印刷费用

---

① 王琦：《艺海风云——王琦回忆录》，人民美术出版社1998年版，第36—37页。

也越来越昂贵,这个刊物在出版了四期之后,就不得不停刊了。

1939年是王琦初涉木刻领域的一年,但他在这一年中的木刻技艺已经有了飞速的长进,在造型和线条上都表现出了娴熟潇洒的艺术风格。在北京鲁迅博物馆胡风文库,尚存有王琦创作于1939年的一帧木刻原作《肉弹勇士》,便很好地体现了这一艺术特色。整幅画作长11.4厘米,宽9.5厘米,线条果断流畅,充满了动态感,画面的中心是我方战机撞向日军军舰意欲同归于尽的瞬间,战机和日舰皆以简略的线条和黑影呈现,而战机俯冲的痕迹和引发爆炸的冲击波却以粗犷的排线加以着重表现,使观众不由为日舰爆炸瞬间的冲击力所震撼。在日舰的左右两边,是飞机投弹后激起的两个水柱,甚至比舰船的船舷还要高,从侧面反映了战斗的激烈和我军战机的火力之猛。在画面的上方,则是以粗线勾勒的云朵,占总画面大约三分之一的幅面,与画面下方缠斗的战机与日舰从视觉上形成了鲜明对比,其间有两个微小的、形似战机的阴影从中穿过,说明此次轰炸和对日舰的撞击是有组织的集体行为,并非单打独斗。王琦这幅满

肉弹勇士

含热血和激情的木刻作品，是仅属于年轻人的创作，它可能幼稚，可能还不够完善，但却有着一种别样的爆发力和冲击力，让观众看后不得不为之感叹。

除了编辑《战斗美术》和精研木刻艺术，王琦在社会交往上也有不小的拓展。1939年，王琦在延安鲁艺音乐系的同学李凌来到重庆，住进王琦家中，通过李凌，王琦认识了赵沨、缪天瑞、赵启海、张文纲、阚大津等音乐界和文艺界的朋友，并在缪天瑞的邀请下，为其主编的音乐刊物设计刊头。此外，在李凌的介绍下，王琦与在《新华日报》工作的张颖相识，不时为《新华日报》撰文配图，还从张颖那里接触到不少延安木刻作品，并与延安木刻界建立了联系。而张颖的真实身份正是中共南方局的文化组秘书，文化组组长即由周恩来兼任，副组长为徐冰和冯乃超。在张颖的影响下，王琦的思想更加趋于进步，在行动上也与进步文化组织更为接近。当年的11月，政治部文化工作委员会成立，地点在重庆天宫府7号，以此为活动地点，王琦和张颖的来往接触更频繁了。

1940年，王琦与女友韦贤结婚，因为家累渐重，遂外出谋职，赴重庆精益中学任教，同时在此校任教的还有王琦的好友李凌、赵沨、陈白澄等人。王琦一面教书，一面坚持进行木刻创作，在这一年，他创作了木刻作品《小巷晒纱》《春耕》《雪屋》《警报解除以后》《奔马》《挖防空洞》等，并通过张颖的关系认识了中共南方局青委主办刊物《战时青年》的负责人袁仲昂和郑代巩，并时常接受袁仲昂的约稿，为《战时青年》作封面木刻，因此受到周恩来的赏识。1941年元旦，王琦出席了张治中邀请文化界人士在重庆抗建堂举办的新年晚会，并由此结识在《新华日报》工作的木刻前辈陈烟桥。随后，皖南事变爆发，在重庆的进步人士的处境变得危险起来，在重庆党组织的安排下，王琦夫妇和光未然、李凌夫妇、赵沨等人先后转移到昆明，并计划前往缅甸仰光，但终因洪水冲毁道路而作罢，不得不返回昆明。在昆明滞留期间，王琦撰写了《从美术欣赏谈起》《再谈美术欣赏》《运动，还是研究》《论绘画的表现》等美术理论文章，这些文章后来都发表在了《新蜀报》的副刊《蜀道》上。7月16日，王琦与卢鸿基、刘铁华、丁正献等40余位木刻工作者联名在《新蜀报》第4版上刊登启事，呼吁全国的木刻工作者联合起来，重新组织全国性的木刻团体。8月，因政治形势缓和，王琦从昆明返回重庆，在向张颖汇报行程经历后，即由廖与言介绍，赴重庆文德女中任教。11月21日，由文委会主办的"第二次全国木刻展览会"在重庆夫子池励志社举办，并展出木刻作品300余件，在当天的《新华日报》上，刊登了王琦的评论文章《新的收获、新的努力——木展杂记》，对此次木展在整体上摆脱西洋模式，建立民族风格的成就予以肯定。12月，王琦担任了《新华日报》木刻副刊《木刻阵线》的主编，并由此与身处长沙的李桦，浙江的郑野夫、杨可扬，福建的朱鸣冈、许霏，广东的刘仑、梁永泰、蔡迪支、杨讷维，广西的黄荣灿，江西的徐甫堡、荒烟，四川的王树艺、张漾兮、谢梓文等木刻家建立了通信联系。与此同时，王琦也与身在重庆的卢鸿基、丁正献等木刻家一起，筹备组建中国木刻研究会。在这一年，王琦虽然异常忙碌，但还是创作了《嘉陵江上》《煤船》《冬天的防空洞》《买平价米归来》《盐场》《熬盐工人》《在废墟上》《开山》《打石女工》《崇山峻岭车行密》《筑路女民工》等木刻作品，稳步积累着自己在木刻创作方面的经验和技艺。

街头剧场

胡风文库现存有王琦创作于1941年的木刻原作《街头剧场》，该作品长8.8厘米，宽6.6厘米，整个画面的线条和构图畅快洒脱，有着强烈的动感。画面中心的舞台和围观的人群均以大片的阴影表现，甚至连舞台的标语都不甚清晰，仅有“第二”“文化”等几个字可以被识别出来，说明这是在进行抗战宣传。但这粗粗勾勒的舞台和台下的人群并不以四平八稳的姿态出现，而是向左倾斜，增加了整个画面的动态感。天空中的云朵则以排线向右描绘，与地面上向左倾斜的舞台和人群正好形成对照，达成了一种新的平衡。整幅画作有着非常好的流动性，而这正与画作想要表达的主题“街头剧场”相吻合，体现出街头文化宣传的即兴化和大众化。

1942年1月，中国木刻研究会在重庆中苏文协二楼举行成立大会，王琦当选为总会常务理事，并负责出版组工作，“木研会”成立后，通信地址设在重庆上清寺街215号王琦住处，从此王琦与全国的木刻家都保持着联系。当时的王琦夫妇都没有正式职业，生活很是艰苦，而张颖得知此事后，便以八路军办事处的名义送来赠款，解决了王琦家庭的燃眉之急。2月，王琦与江丰、沃渣、胡一川、李桦、古元、力群、彦涵等版画家致函苏联同行，表达了对苏联卫国战争的支持。王琦又在《新蜀报》上发表了文章《木刻工作者与反侵略》，阐述了木刻工作在反法西斯战争中的重要宣传意义。这一年的10月，他还参与筹备并主持了“木研会”在重庆主办的“第一届双十全国木刻展览”，展览展出了部分延安木刻作品，王琦自己亦有《盐区风景》《跃马杀敌》《抢修》《挖防空洞》《嘉陵江上》等作品参展。在这次展览上，古元的木刻作品获得徐悲鸿的大力推崇，王琦的有关后方建设的木刻作品，也被其加以称赞。也是在这个月，王琦进入文化工作委员会第二组进行工作，同时继续进行木刻创作和评论工作。这一年创作了《马车站》《听演讲》《待发》《农村之秋》等木刻作品。

1943年6月，王琦应陶行知的邀请，来到重庆育才学校，接替刘铁华出任绘画组主任，在他任职育才学校期间，曾与方与严、陈忏、金秀堤、徐荇等中共地下党员共事，而周恩来亦两次到访育才学校。10月，王琦又参与组织了“木研会”主办的“第二届双十全国木刻展览”。此外，他还在这一年与莫尚宗合作了长篇连环木刻《三兄弟》,并参加了举办中国木刻作品送苏联展览预展。1944年上半年,时任中共南方局文化组副组长的冯乃超和美学家蔡仪一起找到王琦了解大后方的木刻界活动情况,王琦对此如实作了汇报,并得到了二人的支持和鼓励。同年10月,王琦和陈烟桥又接受重庆中苏文化协会的委托,执笔写信给苏联木刻家,探讨有关套色木刻技术和中苏木刻交流方面的问题。一个月后,王琦在重庆举办第一次个人画展,共展出油画53幅、木刻35幅、素描13幅。这一年,王琦还以重庆市区和沿江码头为题材,创作了大量速写作品,这为他此后的木刻创作提供了大量的素材。

1945年2月,王琦在重庆枇杷山苏联大使馆举行的红军节纪念酒会上,与美国《时代》《生活》杂志记者白修德(Theodore Harold White)和贾安娜(Annalee Jacoby)相识,并向他们介绍了中国现代版画的发展情况,白修德进而希望能在美国举办一次中国抗战木刻展览。1945年10月,王琦与陈烟桥、丁正献、梁永泰、陆地、刘岘等人在重庆市商会礼堂举办了"留渝木刻家联合展览会",引起广泛影响,该展览结束后,遵照周恩来的建议,这批展品又被送往延安展出,并于当日在《新华日报》上作了报道。11月,王琦等人在重庆《新华日报》采访部受到周恩来的接见和鼓励,周恩来号召木刻家们要把木刻运动从城市扩大到农村,并重视连环木刻的创作。当月,王琦又接替梁永泰在法国大使馆新闻处图片部的工作,对法国艺术界和艺术家的相关情况熟悉起来,并且借此机会搜集了大量珍贵资料,并为毕加索、马蒂斯等艺术家以及第二次世界大战集中营艺术撰写了相关的介绍文章。一个月后,重庆《新华日报》刊出王琦创作的木刻作品《民主血》组画,并在《新华日报》门市部橱窗陈列。同月,由中国木刻研究会和国际宣传处合编的中国新兴木刻集《黑白中的中国》(*China in Black and White*)由纽约亚细亚出版公司出版,其中收入了王琦的木刻作品,著名美国女作家赛珍珠(Pearl S.Buck)为此书特地写作了序言。这一年,王琦还担任了《西南日报》"新艺术双周刊"、《民主报》"民主美术周刊"主编和《新星画报》特约编辑,并与丁正献、王树艺共同举办了"琼斯水彩画展"。

1946年1月,在政治协商会议召开前,重庆进步文艺界人士为了争取政治协商会议取得成功,成立了"政治协商会议文艺界促进会",王琦、陈烟桥、丁正献等木刻家都加入了促进会,并与漫画家共同起草了给政治协商会议的信,对会议提出了书面要求。会议开幕后,王琦被推荐为"政治协商会议文艺界促进会"理事兼宣传组副组长。一个月后,《新华日报》发表了全国漫画木刻界对政治协商会议的意见书,呼吁停止内战、恢复交通、组建联合政府,该意见书由王琦执笔,共两千余字。4月8日,叶挺等人从狱中释放后,在返回延安的过程中不幸飞机失事,为了表示哀悼,《新华日报》出版特刊,王琦为此专门为叶挺和王若飞等烈士刻制了木刻头像,与悼念文章一起发表在该期特刊上。5月,周恩来率中共代表团离开重庆之前,再度接见了王琦、丁正献、王树艺等木刻家,对他们在抗战期间在大后方为木刻运动发展所作出的贡献给予了肯定。同月,“本研会”迁往上海,王琦也随法国大使馆新闻处迁往南京,与李桦、野夫等早有通信往来的木刻家见面。一个月后,南京和上海两地的木刻家在上海集中,决定将“木研会”改组为“中华全国木刻协会”(简称“全木协”),并召开筹备会,王琦当选为理事,会议还成立了“抗战八年木刻展筹委会”,王琦负责编辑组的相关工作。这一年的年中,王琦还收到美国《生活》杂志记者贾安娜从纽约发来的电报,希望寄100幅木刻作品去纽约展出,并代表纽约市博物馆收购王琦的几件作品。为此,王琦与李桦共同选出100幅木刻作品,交给了美国大使馆文化处专员费慰梅(Wilma Canon Fairbank)。9月18日,由“全木协”主办的“抗战八年木刻展览会”在上海大新公司画廊开幕,共展出113位作者的897幅木刻作品,王琦的《石工》等作品亦参加了此次展览。其后,“全木协”主编的《抗战八年木刻选集》在上海开明书店出版,收录75位木刻家的100幅木刻作品,王琦的作品《劈石》《石工》亦收录其中。一个月后,王琦和李桦、陈烟桥、王麦秆、杨可扬、汪刃锋等人一起,在上海马斯南路中共代表团上海办事处受到周恩来的接见,并一起聆听了周恩来对于国统区进步美术运动的指示。这一年的年底,由贾安娜委托王琦征集,经费慰梅转交的100余幅中国新兴木刻作品,在纽约画廊中国艺术部展出,王琦和李桦、荒烟、陈烟桥、张漾兮、丁正献、王树艺等人的作品参加了此次展览。经贾安娜介绍,王琦的木刻作品《石工》还发表在了美国《新共和》杂志上。此外,王琦还在这一年发表了《今天，木刻的题材应该表现些什么？》《木刻需要严谨》《悼念陶行知先生》等文章。

1947年3月，美国共产党机关刊物《群众与主流》上刊登了贾安娜主持的中国木刻展的部分作品，其中便有王琦的作品《内战的灾难》。次年年初，王琦在南京街头和贫民区采风，画下了大量的速写，后来这些作品被称为“南京速写”，为王琦日后的木刻创作又增添了一部分素材。同一时期，由王琦编辑的《法国木刻选》经开明书店发行，该书收入12位法国版画家的22幅作品，向当时的中国文化界介绍了法国版画艺术的发展情况。1948年4月，因内战局势日益紧张，王琦乘飞机抵达香港，加入由黄新波、梁永泰、陆地等人组织的“人间画会”，并在“人间画会”的主办下于香港胜斯酒店举办了“王琦个人画展”，展出木刻、素描作品约200件，这是王琦的第二次个人画展。之后，王琦的木刻作品《归途》入选由中华全国木刻协会编辑、晨光出版公司出版的《中国版画集》。这一年，王琦还参加了香港《星岛日报》的编辑工作，并负责《美术界》双周刊，主编《大公报》的《新美术》周刊。

1949年年初，“全木协”进行了改选，王琦当选为监事。7月2日，王琦当选为第一届全国文代会香港区代表，因交通不便未能现场到会，代表们在邵荃麟的召集下，在香港“恒社”聚会，联名致电大会祝贺，并在香港报纸发表纪念文章。9月，香港“人间画会”的部分会员张光宇、王琦、廖冰兄、梁永泰等人集体绘制毛泽东巨幅画像，该画像由王琦全家和“人间画会”的部分会员从香港护送到广州，于11月7日悬挂在广州珠江边的最高建筑物爱群大厦上。1950年，因在广州没有找到合适的工作，王琦暂时举家迁回香港，又在香港九龙贫民区和街头画了一批速写。5月，王琦离开香港，进入上海行知艺术学校任绘画组主任。这期间，王琦与胡风又有了一些往来，这在胡风的日记中有所反映：

1950年8月4日 ……王琦从香港来，午饭后去。

1951年2月11日……王琦来，午饭后去。

1951年4月9日……王琦来。

1951年4月15日……王琦来。

1951年4月18日……看王琦文稿。

1951年4月19日……王琦、史华来。

1951年9月，王琦的首部个人专著《新美术论集》由上海新文艺出版社出版，受到在北京的老朋友王朝闻的关注。1952年11月，在王式廓等人的邀请下，王琦抵达北京，进入中央美术学院工作，在江丰的推荐下，王琦参加了人民英雄纪念碑浮雕草图的创作工作，负责《鸦片战争》的构图起草。1953年上半年，王琦又协助李桦，在中央美术学院筹建了版画系。此后，王琦一直忙于教学与木刻创作工作。

1956年，王琦应江丰的安排，与王迅、薄松年等人负责12年的美术科学规划。又为纪念鲁迅逝世20周年，在当年的9月为筹建中的北京鲁迅博物馆创作了纪念鲁迅的版画作品。一个月后,《版画》双月刊创刊,王琦担任常务编委,并在创刊号上发表了《鲁迅与“三一八”》。这一年,王琦还参加了中央美术学院关于印象派问题的大讨论,并担任了创刊后的《美术研究》的常务编委。

1958年,王琦的第二本个人专著《谈绘画》由人民美术出版社出版,1959年,他又参与了中国近现代美术史课程教材的写作工作。1963年,由中国美协吉林分会主办的“王琦版画作品展”在长春市工人文化宫展出,这是王琦的第三次个人画展。1964年,王琦又为北京人民大会堂北京厅创作了大幅木刻《古柏树下》,同年,中央美术学院实行画室制,并成立了“王琦画室”。

1979年,王琦正式加入中国共产党,并作为正式代表出席了第四次文代会,当选为中国美协理事,且担任了《美术研究》《世界美术》杂志的副主编。1980年1月,王琦又与王朝闻一起,共同担任了中国美协机关刊物《美术》杂志主编,且在其后当选为中国版画家协会副主席。1981年,由王琦担任执行编委的《中国新兴版画五十年选集》由上海人民美术出版社出版,收录由力群、李桦、王琦合写的《中国新兴版画五十年》长篇评述。此后,王琦一直为中国现代版画的学科建设和美术理论事业而奔忙,2016年,王琦因呼吸衰竭在北京走完了他漫长曲折而又宠辱不惊的人生,享年98岁。

后 记

能端上北京鲁迅博物馆的饭碗，管理胡风文库并进行胡风文物文献的整理研究，对原本以中国古典文学为专业的我来说，已经够意外了。之后还有机会对抗战版画进行整理研究，则是意外中的意外。

我之所以接触抗战版画，是因为自己管理的胡风文库中收藏有近500幅抗战版画，这在胡风文库中是很有特色的一类文物收藏。2011年3月，在我接手胡风文库之后不久，就开始参与当年5月在沈阳“九·一八”历史博物馆出展的“纪念九·一八事变爆发80周年抗战木刻展”的筹备工作，并为此阅读了我馆资深版画专家李允经先生撰写的《中国现代版画史》，这当然是非常粗浅的接触和学习，但却让此前只是从小学美术课本和《连环画报》上了解版画的我从此对中国现代版画的发展经历有了大致的认识。

到了2011年12月，我参与了在中央美术学院美术馆举办的“发现：百年江丰文献展”的展品提借等相关支持工作，又有幸旁听了这个展览的相关研讨会，通过这次展览，我不仅对抗战版画和作为抗战版画家的江丰有了更进一步的思考，而且也意识到，原来对抗战版画的梳理分析，可以采用以画家生平经历为坐标系，定位具体作品创作意义的方式。这种思路，在不知不觉间，也影响到了我日后对于抗战版画的整理和解读。

2012年9月，我又参与了在天津美术学院美术馆举办的“怒吼——北京鲁迅博物馆藏抗战版画展”和《怒吼：北京鲁迅博物馆藏抗战版画图录》出版的相关筹备工作。这一次，我负责整理相关抗战版画家的生平简介资料和部分抗战版画作品的补充说明撰写等工作，通过具体的文案撰写，大致了解了江丰、李桦、郑野夫、力群、卢鸿基、王琦等抗战版画家的生平经历，他们鲜活而动荡的生命历程，让我逐渐产生了兴趣，也产生了把他们所爱过、所画过、所生活过的那个时代尽力还原出来的冲动。也就是在这种兴趣的驱动下，我写下了第一篇有关这批抗战木刻收藏的研究文章《抗战木刻运动中的胡风》，发表于2013年第1期的《鲁迅研究月刊》。现在看来，这是一次很不成熟的尝试，但却大大加强了我自己深入抗战版画领域的信心。

时间一晃就到了2015年，这一年，我又参与了“中国战斗——抗日战争时期木刻版画展”系列巡展的筹备和后续展览图录出版的相关工作。经过了几次巡展的磨练摔打，我对于抗战版画的理解思考已经慢慢深化成型,为它写点什么的愿望也越来越强烈,但因当时工作繁忙,我也转而开始进行胡风友人书信往来的相关研究写作,这个写作计划就被暂时搁置了。

2020年年底,拙作《读简录——胡风友朋来札摭解》的出版申请一度受挫(现已由湖北人民出版社于2022年9月出版),令我非常迷茫无措。在馆里一位知心好友的劝说下,我重整精神,把有关抗战版画的研究写作又捡了起来,慢慢地,我在不断的写作中重新恢复了信心和斗志,这样就有了第二篇有关抗战版画的文章《木刻诗人的不懈吟唱——从北京鲁迅博物馆收藏的卢鸿基抗战木刻作品谈起》,接着又有了第三篇《木刻"怪人"的执着耕耘——北京鲁迅博物馆藏马达抗战木刻作品与马达其人其事》。慢慢地,这样的文章越来越多,竟然也积累成了薄薄一册。我想,还是把它出版了吧,也作为对自己历年来在抗战版画方面投入精力和心血的一个纪念,虽然这些努力在日后看,可能也是非常幼稚和浅薄的,但也含着我的一番心意。

感谢北京鲁迅博物馆为此书写作提供帮助的同事,没有你们的支持和鼓励,我大概是没有勇气和魄力写完这本小书的。

感谢江文先生、卢家荪先生、陆书龄先生、郝相先生、郑子燕女士、王炜先生等抗战版画家后人,没有你们的慷慨授权和亲切勉励,本书的写作也不会那么顺利推进完成。

感谢一直关心帮助我的刘颖姐姐,没有她的积极推荐介绍,我不可能联系到其中的大部分抗战版画家后人,也不可能对抗战版画界的整体氛围和内在线索有今天这样的理解。

感谢湖北人民出版社和经手稿件的诸位编辑，自贵社接手《读简录——胡风友朋来札摭解》一书开始，我便为贵社在编辑方面的严谨作风和专业素养深深感动，今天《淬火成锋——中国抗战版画家的木刻人生》一书能再次被贵社出版，既是贵社对我的稿件的一种认可和肯定，也是我个人的光荣和幸运。我将再度努力，争取与贵社的第三次合作。

常楠

2022年9月19日写于北京鲁迅博物馆研究楼会议室